KB021074

요한 볼프강 폰 괴테 Johann Wolfgang von Goethe

1749~1832

초록빛과

아름다운

박현

**Das Märchen
von der grünen Schlange
und der schönen Lilie**

Korean translation © 2019 by Green Seed publishing company

이 책은 월간 문학지 「디 호렌Die Horen」(1795년, 코타 출판사)에 실린 괴테 동화
를 완역한 것입니다. 저작권법에 따라 한국 내에서 보호를 받는 저작물이므로 무단
전재와 복제를 금합니다.

초록뱀과 아름다운 백합

요한 볼프강 폰 괴테 지음

최혜경 옮김

1795

Goethe

차례

초록뱀과

아름다운

백합

갑자기 쏟아진 폭우로 물이 넘치는 커다란 강가에
작은 오두막이 있었습니다. 그 오두막에는 늙은
사공이 하루 종일 노를 젓느라 지쳐 깊은 잠에 빠져
있었습니다. 한밤중, 사람들이 부르는 소리에 사공은
깨어났습니다. 잘 들어보니 여행객들이 강을 건네
달라고 하는 것이었습니다.

　늙은 사공은 문을 열고 나가 보았습니다. 큰
키의 도깨비불 둘이 강가에 매인 나룻배 위에서
안절부절못하며 둥둥 떠돌고 있었습니다. 벌써 강
건너편에 도착해야 했는데, 일이 급하니 서둘러
달라고 재촉했습니다. 그 소리를 듣고 사공은
머뭇거림 없이 얼른 배를 띄우고 늘 하듯이 물결을
가르며 노를 저었습니다. 그동안 도깨비불은 굉장히

빠르게 쉭쉭거리는 소리로 사공이 알아 들을 수 없는 말을 자기들끼리 주고받았습니다. 그러면서 푸하하거리며 큰 소리로 웃기도 하고 나룻배의 선수에서 선저로, 좌현에서 우현으로 폴짝 폴짝 돌아다녔습니다. 그것을 본 사공이 도깨비불한테 고함을 질렀습니다.

"제발 좀 앉아라! 너희들이 이렇게 소란을 부리면 배가 요동을 치다 뒤집어질 수가 있어!"

도깨비불은 사공의 꾸지람에도 아랑곳하지 않고 계속 깔깔거리며 웃어댔습니다. 그리고 사공을 조롱하면서 그 전보다 더 심하게 소란을 피웠습니다. 사공은 도깨비불의 버릇없는 행태를 꾹 참으면서 노를 저었습니다. 배는 금세 강 건너편에 닿았습니다.

"옜소, 여기 뱃삯이요!"

도깨비불이 이렇게 소리를 지르며 몸을 흔들었습니다. 그러자 도깨비불 몸에서 반짝거리는 금화가 축축한 배 바닥으로 우수수 떨어졌습니다.

그것을 본 늙은 사공은 기겁을 하고 소리를
질렀습니다.

"아이고, 하느님 맙소사! 이게 도대체 무슨 짓이냐!
나를 불행의 구렁텅이로 빠뜨릴 작정이구나! 이런
금속은 이 강에 절대로 맞지 않아. 금화가 한 개라도
물에 빠졌더라면 거대한 파도가 휘몰아쳐 나랑 배를
삼켜버리고 말았을 게야. 누가 알아, 너희들도 온전치
못했을지. 그러니 금화를 당장 주워 담게나!"

"우리는 몸에서 떨궈 낸 것을 다시 주워 담을 수
없어." 도깨비불이 대꾸했습니다.

"강을 건너게 해 주었더니 나를 더
고생시키는구나." 늙은 사공이 말했습니다.

그리고 허리를 굽혀 모자에 금화를 주워
담았습니다.

"이걸 모두 모아서 산속 깊은 곳에 묻어야 하니
말이다."

그 사이 도깨비불은 벌써 나룻배에서

뛰어내렸습니다.

"아니, 뱃삯은 어디 있는 게야?"

사공이 고함을 지르자 도깨비불이 대답했습니다.

"금화를 받지 않는다니 뱃삯은 공짜로 해야지
어쩌겠어?"

"나는 땅에서 나는 열매만 뱃삯으로 받을 수 있어.
너희가 진작에 그걸 알고 있어야지."

"땅에서 나는 열매라고? 아니, 그런 쓸데없는 것을.
우린 그런 걸 먹어본 적도 없어."

"그건 너희들 사정이고 나한테 양배추 세 통,
아티초크 세 개, 양파 큰 것으로 세 개를 가져다
준다고 약속하지 않으면 너희를 풀어줄 수 없어."

도깨비불은 장난스럽게 도망치려 했습니다. 그런데
이상하게도 바닥에 꽉 묶여 있는 것 같았습니다.
지금까지 한 번도 겪어보지 못한 아주 불쾌한
기분이었습니다. 도깨비불은 될 수 있는 대로 빨리
사공이 말한 것을 해주겠다고 약속했습니다. 그제야

사공은 도깨비불을 풀어주었습니다. 그리고 배에
올라 강기슭을 떠났습니다. 배가 한참 멀어졌을 때,
도깨비불이 사공을 향해 소리쳤습니다.

"이봐요, 사공 영감! 물어볼 것이 있소! 아주 중요한
것을 잊어버렸소!"

하지만 한참 멀어진 사공은 그 소리를 듣지
못했습니다. 사공은 다시 강을 건너지 않고 강 하류로
노를 저어갔습니다. 강 이쪽에 있는 산속에 강물이
전혀 들지 않는 곳을 찾아서 위험한 금화를 파묻을
작정이었습니다. 늙은 사공은 바닥이 보이지 않을
만큼 깊은 협곡을 사이에 둔 절벽을 발견했습니다.
사공은 그 협곡에 금화를 모두 쏟아붓고 오두막으로
돌아갔습니다.

이 협곡 속에는 아름다운 초록뱀이 잠을 자고
있었습니다. 초록뱀은 동전이 쨍그랑거리며 떨어지는
소리에 잠이 깼습니다. 초록뱀은 반짝거리는 금화를

보자마자 탐욕스럽게 꿀꺽 삼켰습니다. 그리고
관목과 바위 사이를 돌아다니면서 흩어진 금화를
샅샅이 찾아내 모두 삼켰습니다.

　이렇게 삼킨 금화가 금세 장 속에서 녹기 시작해
온몸으로 퍼지는 것이 초록뱀은 더할 나위 없이
쾌적한 느낌이 들었습니다. 뿐만 아니라 몸이
투명해지고 빛이 났습니다. 이것을 본 초록뱀은 말할
수 없이 기뻤습니다. 이런 일이 생길 수 있다고 오래
전에 들어 알고는 있었습니다. 그렇지만 이 빛이
얼마나 오래갈지는 알 수가 없었습니다. 초록뱀은
앞으로도 계속 이 상태에 머물고 싶다는 소망이
생겼습니다. 그리고 누가 이렇게 아름다운 금화를
뿌려놓았는지 궁금해졌습니다. 초록뱀은 협곡에서
밖으로 나왔습니다. 바깥에는 아무도 없었습니다.
하지만 초록뱀은 그게 더 마음이 편했습니다. 풀과
덤불 사이를 천천히 기어가는 자신의 몸과 푸르른
잎들을 환히 비추는 자신의 우아한 빛을 탄복하면서

감상하고 싶었으니까요. 모든 잎은 에메랄드 색으로 보였고, 모든 꽃은 더할 나위 없이 아름답게 반짝이며 무리지어 있었습니다. 초록뱀은 외딴 산속을 헛되이 헤매고 다녔습니다. 그래서 평지로 나와 저 멀리에 자기와 비슷한 빛이 나는 것을 보자 초록뱀의 희망은 더 커졌습니다.

"아, 마침내 나와 같은 존재를 만날 수 있겠구나!"

이렇게 환호성을 지르며 초록뱀은 서둘러 그쪽으로 향했습니다. 늪과 갈대밭을 지나야 하는 수고도 마다하지 않았습니다. 물론 초록뱀은 산 위의 건조한 초지나 커다란 바위 틈새에 머무는 것을 제일 좋아하고, 풍미가 넘치는 산야초를 즐겨 먹고, 맑은 이슬이나 신선한 샘물로 목을 축입니다. 아무리 그렇다 해도 금화를 먹고 우아한 빛을 얻을 수 있다는 생각에 지금은 무슨 일이든 마다하지 않고 다 할 생각입니다.

초록뱀은 몹시 지치기는 했지만 마침내 도깨비불 둘이 오락가락거리며 놀고 있는 늪의 갈대밭에 도착했습니다. 자기와 비슷한 두 신사를 만나게 된 것이 너무 반가운 나머지 초록뱀은 도깨비불에 성큼 다가가 인사를 했습니다. 도깨비불은 초록뱀을 획획 건너 뛰기도 하고 쓰다듬기도 하면서 제멋대로 웃어댔습니다.

"아주머니, 아주머니 모습이 수평선이라 해도, 그건 아무 의미가 없어요. 그냥 겉모양만 비슷할 뿐이예요. 자, 한 번 보세요. (이렇게 말하고 두 도깨비불은 몸통을 확 줄여서 아주 길고 가느다란 모양으로 변했다) 안 그래도 수직선이라 멋있는 우리 신사들이 이렇게 날씬하고 키까지 커지니 더 멋지지 않아요? 너무 아니꼬워 하지 마세요. 하지만 우리 집안보다 더 자랑스러운 가문이 또 있을까요? 세상에 있는 도깨비불 중에 단 한 명도 앉거나 누운 적이 없답니다."

초록뱀은 도깨비불 앞에 있는 것이 거북해졌습니다.
자기는 아무리 머리를 꼿꼿이 쳐들어도 앞으로
가려면 다시 바닥으로 내려와야 하기 때문입니다.
조금 전까지 어두운 수풀 속에 있을 때는 마음이 참
편했습니다. 그런데 이 사촌들 앞에서는 자신의 빛이
점점 희미해지는 것 같고, 나중에는 빛이 전부 꺼져
버릴까 봐 무섭기까지 했습니다.

난처해진 초록뱀은 두 신사에게 다급하게
물었습니다.

"조금 전에 산속 협곡에 반짝이는 금화가 떨어져
내렸어요. 그것이 어디에서 왔는지 혹시 알려줄
수 있나요? 저는 하늘에서 금비가 내린 것이라
생각하는데요."

이 말을 들은 도깨비불이 웃으면서 몸을
흔들었습니다. 그러자 주변에 금화가 수없이 쏟아져
내렸습니다. 초록뱀은 잽싸게 돌아다니면서 금화를
삼켰습니다.

"맛있게 드셔요, 아주머니. 더 드릴 수도 있어요."

두 신사가 공손하게 말하고는 아주 민첩하게
몇 번 더 몸을 흔들었습니다. 금세 고귀한 음식이
생겨났습니다. 초록뱀이 아무리 빨리 삼켜도 도저히
다 먹지 못할 만큼 많았습니다. 초록뱀은 눈에 띄게
광채가 커지기 시작했습니다. 그리고 얼마 뒤에는
이루 말할 수 없이 아름다운 빛을 냈습니다. 반대로
도깨비불은 초라하게 쪼그라들어 있었습니다. 그래도
두 신사의 기분은 변함없이 좋았습니다.

"당신들을 영원히 잊지 않을게요."

식사를 마치고 숨을 돌린 초록뱀이 도깨비불에게
말했습니다.

"당신들이 원하는 것을 말해 보세요. 제 힘이 닿는
한 도와드리겠습니다."

"오, 잘 됐네!" 하고 도깨비불이 소리쳤습니다.

"아름다운 백합이 어디에 사는지 알고 싶어요.
아름다운 백합이 있는 궁정으로 어서 우리를 데려다

주세요. 그녀의 발 아래 넙죽 엎드리고 싶어 죽을 지경이에요."

이 말을 들은 초록뱀은 한숨을 푹 내쉬면서 대답했습니다.

"제가 지금 당장은 할 수 없는 일이군요. 안됐지만 아름다운 백합은 강 건너편에 살고 있거든요."

"뭐라고요? 강 건너편에 산다고요? 그것도 모르고 폭풍우가 치는 이 한밤중에 강을 건너 오다니! 오, 잔인한 강물이여, 아름다운 백합과 우리를 갈라놓다니! 늙은 사공을 다시 불러야 할까요?"

"사공을 불러 봐도 아무 소용이 없어요. 강 이쪽에서 사공을 다시 만난다 해도 당신들을 태워주지는 않을 테니까요. 사공은 사람들을 이쪽으로는 건네줄 수 있어도, 저쪽으로는 아무도 데려가지 못한답니다."

"아이고, 우리 신세 한 번 좋구나! 그렇다면 강을 건너 갈 다른 방법이 아예 없다는 건가요?"

"몇 가지가 더 있어요. 그런데 지금 당장은
안됩니다. 정오가 되면 제가 두 분을 건네줄 수
있어요."

"그 시간에는 우리가 돌아다니길 좋아하지
않아요."

"그렇다면 저녁에 거인의 그림자를 타고 갈 수
있어요."

"그건 또 어떻게 하는 거요?"

"여기서 멀지 않은 곳에 거인이 살고 있어요.
그 거인은 자기 몸으로는 아무 것도 하지 못해요.
지푸라기도 들지 못하고, 벼 한 단도 나르지
못하지요. 그렇지만 거인의 그림자는 아주 많은 일을
할 수 있답니다. 사실 무슨 일이든 할 수 있어요.
그렇기 때문에 해가 뜰 때와 질 때 거인은 힘이 가장
세지지요. 저녁 무렵 거인이 강변에서 천천히 걷고
있을 때 거인의 어깨 그림자에 앉기만 하면 된답니다.
그러면 그림자가 당신들을 강 건너편으로 실어다 줄

겁니다. 그런데 두 분이 정오 무렵에 저쪽 숲 모퉁이에
덤불이 강둑까지 뻗어 있는 곳으로 오시면 제가 강을
건너게 해드리고, 아름다운 백합한테 소개도 시켜
드릴 수 있어요. 정오의 따가운 햇빛을 좋아하지
않는다면, 저녁 무렵에 저쪽 절벽이 있는 만으로 가서
거인을 찾는 수 밖에 없어요. 거인은 분명히 두 분을
도와줄 거예요."

　젊은 신사들은 살짝 몸을 굽혀 인사를 하고는
자리를 떴습니다. 초록뱀은 도깨비불이랑 헤어져
마음이 좀 편해졌습니다. 이제 자신이 내는 빛을 즐길
수도 있고, 또 한편으로는 오래전부터 미칠 듯이
궁금한 것이 있는데 드디어 그 비밀을 풀 수 있게
되어서 입니다.

　초록뱀은 자주 기어들어가던 협곡의 한 곳에서
신기한 것을 발견한 적이 있습니다. 비록 아무 빛도
없이 캄캄한 협곡 속에서 이리저리 기어다닐 수밖에

없었지만, 그래도 피부에 닿는 것이 무엇인지는 느낌으로 분명하게 구별할 수 있었습니다. 어디를 가든 초록뱀은 사실 다듬어지지 않은 자연물만 발견할 뿐이었습니다. 그런데 그 곳에는 커다란 수정으로 된 뾰족한 가지 사이를 기는 것 같다가, 그 다음에는 순은으로 된 머리와 갈고리 같은 것이 느껴졌습니다. 가끔은 한두 가지 보석을 바깥으로 가져오기도 했습니다. 가장 놀라운 순간은 절벽으로 둘러싸인 곳에서 형태를 지어내는 인간 손길을 누설하는 물건을 느꼈을 때입니다. 기어오를 수 없을 만큼 매끈한 벽, 규칙적으로 이어진 날카로운 각, 잘 빚어진 기둥들. 그 중에서도 초록뱀이 가장 기이하게 여긴 것은 사람 모양의 동상이었습니다. 여러 번 휘감아 보니 청동 같기도 하고 반들반들하게 윤을 낸 대리석 같기도 했습니다. 지금까지 추측만 했던 이 모든 것이 정말로 그런지 눈으로 직접 확인하고 싶었습니다. 초록뱀은 자기 몸에서 나는

빛으로 지하에 있는 신비한 궁륭을 밝힐 수 있을
것이라 믿었습니다. 그리고 특별한 그것들을 마침내
볼 수 있기를 바랐습니다. 초록뱀은 서둘러 기어가
자주 다니던 길에 난 바위 틈새에 도착했습니다.
초록뱀은 늘 다니던 그 틈새를 통해 지하 성지로 기어
내려갔습니다.

　안으로 내려간 초록뱀은 호기심에 차서 빙
둘러보았습니다. 몸에서 나는 빛이 원형 공간
전체를 밝히지는 못했지만, 그래도 가까이 있는 것은
충분히 알아볼 수 있었습니다. 초록뱀은 놀랍고
경외로운 마음으로 광채가 흐르는 벽감壁嵌을 올려다
보았습니다. 그 안에는 찬란한 금으로 된 신성한
왕의 동상이 있었습니다. 동상 전체 크기는 보통
사람보다 더 컸지만, 대 위에 있는 좌상만 보자면
키가 좀 작은 편이었습니다. 잘 다듬어진 몸에 수수한
망토를 걸치고 있었고, 머리에는 참나무 왕관을 쓰고
있었습니다.

초록뱀이 이 신성한 동상을 바라보자마자 왕이
말을 하기 시작하면서 물었습니다.

"너는 어디에서 왔느냐?"

"금이 있는 협곡에서 왔어요." 초록뱀이
대답했습니다.

"무엇이 금보다 훨씬 더 아름답고 멋진가?" 왕이
물었습니다.

"빛입니다."

초록뱀이 대답하자 왕은 다시 질문했습니다.

"무엇이 빛보다 훨씬 더 유쾌한가?"

"대화입니다."

초록뱀은 이야기 하면서 가만히 곁눈질로 옆에
있는 벽감 안에 은으로 된 다른 상을 보았습니다.
키가 좀 크고 호리호리한 아름다운 왕이 앉아
있었습니다. 왕은 수놓은 예복을 입고 있었고,
왕관과 허리띠 그리고 왕홀王笏은 보석으로 장식되어
있었습니다. 왕의 얼굴에는 기품에 찬 환희가

어려 있었습니다. 은으로 된 왕이 막 말을 하려는
것처럼 보였는데 그 순간 대리석 벽에 조금 어두운
색으로 관통하는 돌결이 갑자기 밝아지면서 신전
전체가 쾌적한 빛으로 환해졌습니다. 이 빛으로
초록뱀은 세 번째 왕을 발견했습니다. 거대한 체구의
청동상이 월계관으로 장식한 메이스에 기대어 앉아
있었습니다. 그런데 사람이라기 보다 오히려 바위
같아 보였습니다. 초록뱀은 가장 멀리 있는 네 번째도
좀 자세히 보려고 했는데, 빛을 받은 돌결이 번개처럼
번쩍하고 사라지자 벽이 열리는 것이었습니다.

   열린 벽에서 키가 중간 정도 되는 노인이 들어오는
것이 보였습니다. 노인은 농부 차림새에 작은
등잔불을 들고 있었습니다. 잔잔한 불꽃이 보기에
참 좋았습니다. 게다가 신기하게도 그림자가 하나도
생기지 않으면서 지하 궁릉 전체가 환해졌습니다.
   "너는 왜 왔느냐? 여기에 빛이 있는데."

금으로 된 왕이 노인에게 물었습니다.

"전하께서도 잘 알고 계시지 않습니까. 제가 어둠을 밝혀서는 안된다는 것을."

"내 왕국이 이제 종말에 이르렀는가?"

은으로 된 왕이 물었습니다. 그러자 노인이 대답했습니다.

"먼 훗날이 아니고는 절대로 그럴 리 없습니다."

청동으로 된 왕이 힘찬 목소리로 묻기 시작했습니다.

"나는 언제 일어설 것인가?"

"곧"

노인이 대답하자 청동 왕이 다시 질문했습니다.

"나는 누구와 연합해야 하는가?"

"형님과 연합하십시오."

"막내는 어찌 되겠는가?"

"막내는 앉을 것입니다."

노인이 대답하자 네 번째 왕이 쉰 목소리로

더듬거렸습니다.

"나, 나, 나는 피, 피, 피곤하지 않아..."

등잔불을 든 노인과 왕들이 대화를 나누는
동안 초록뱀은 조용히 신전을 돌아다니면서
이것 저것 자세히 살펴보고 네 번째 왕 앞으로도
가까이 가 보았습니다. 그 왕은 기둥에 기대어 서
있었습니다. 제법 큰 몸집은 아름답기보다는 둔하고
무겁게 보였습니다. 네 번째 왕은 무슨 금속으로
만들어졌는지도 알 수 없었습니다. 자세히 들여다보니
형들을 주조한 세 가지 금속으로 되어 있었습니다.
그런데 그 세 가지 금속이 골고루 어우러지지 않았던
것입니다. 청동 덩어리에 금과 은 줄기가 어지럽게
이리저리 붙어 있어서 모양새가 좋지 않았습니다.

그동안 금으로 된 왕이 노인에게 물었습니다.

"너는 얼마나 많은 비밀을 알고 있느냐?"

"세 가지입니다."

노인이 대답했습니다.

"그 중에 어느 것이 가장 중요한가?"

은으로 된 왕이 묻자 노인은 답했습니다.

"명백히 드러난 것입니다."

그다음에는 청동으로 된 왕이 물었습니다.

"우리에게도 그것을 털어놓을 생각인가?"

"네 번째 비밀을 알게 되면, 곧바로
그리하겠습니다."

이 대답에 세 가지 금속으로 된 네 번째 왕이 혼자
중얼거렸습니다.

"내, 내, 내가 어, 어, 어쨌다고!"

그때 초록뱀이 말했습니다.

"제가 그 네 번째 비밀을 알고 있어요."

그러고는 노인에게 다가가 귓속말로 무언가
속삭였습니다. 그 말을 듣고 난 노인이 우렁차게
외쳤습니다.

"때가 왔노라!"

그 소리가 신전 안에 메아리치자 금속으로 된

동상들도 쩌렁쩌렁 울렸습니다. 바로 그 순간 노인은
서쪽으로, 초록뱀은 동쪽으로 가라앉았습니다.
그리고 둘은 엄청나게 빠른 속도로 절벽 사이
골짜기를 달렸습니다.

그런데 노인이 지나가는 통로마다 금세 벽이
황금으로 변했습니다. 왜냐하면 노인의 등잔불은
모든 돌을 황금으로, 모든 나무를 은으로, 죽은
동물을 보석으로 바꾸고, 모든 금속을 파괴하는
기이한 마력이 있기 때문입니다. 단, 이 힘이 드러나게
하려면, 노인의 등잔불 하나만 켜야 합니다. 옆에
다른 빛이 있으면 노인의 등잔불은 그저 밝고
아름다운 빛을 낼 뿐입니다. 그리고 살아 있는 모든
것은 등잔불로 언제나 원기를 회복합니다.

노인은 산속에 있는 오두막에 도착했습니다. 집에
들어가니 아내가 수심이 가득한 얼굴로 벽난로
불가에 앉아 울면서 불평을 늘어놓았습니다.

"여보, 속상해서 죽겠어요. 오늘 당신이 집을
떠나지 말았어야 했어요!"

"아니, 무슨 일이 있었소?" 하고 노인이 차분하게
묻자 노파가 울먹이는 목소리로 대답했습니다.

"당신이 집을 떠나자마자 성질 급한 여행객 두
명이 왔답니다. 내가 조심했어야 하는데 별생각
없이 문을 열어 주었어요. 사실 단정하고 예의 바른
사람들처럼 보였거든요. 연한 불꽃으로 된 옷을 입고
있어서 도깨비불이 아닌가 하는 생각이 들더라고요.
그 사람들이 집에 들어오자마자 뻔뻔하게 아첨을
떨며 저를 꼬시기 시작하는 거예요. 얼마나 집요하게
치근거렸는지 지금 생각해도 부끄러워지네요."

노인은 빙그레 웃으면서 말했습니다.

"젊은 사람들이 재미 삼아 농담을 한 게지. 당신
나이를 생각해보구려, 그 사람들은 그저 남들 다
하는 것처럼 공손한 척 한 게요."

"아니, 나이라니요? 제 나이가 어때서요?"

아내가 소리쳤습니다.

"매일 이렇게 나이 생각하라는 소리를 들어야
되요? 그럼 내가 도대체 몇 살이나 먹었는데요?
남들 다 하듯이 공손한 척 하다니! 나도 알 것은
다 알아요. 그리고 집 구석을 좀 둘러 보세요. 벽이
어떻게 되었는지. 벽에 이 돌들 좀 보세요, 수백 년
넘게 한 번도 보지 못한 돌이에요. 그 사람들이요,
벽에 바른 황금을 몽땅 핥아 먹어 버렸어요. 얼마나
빨리 핥아 먹었는지 당신은 상상도 못할걸요.
그렇게 먹으면서 보통 금보다 훨씬 더 맛있다고 연신
말하더라고요. 그렇게 벽을 깨끗하게 다 핥아 먹고
나더니 기분이 굉장히 좋아 보였어요. 그뿐 아니에요.
잠깐 동안 금을 먹었는데도 그 이전보다 훨씬 더
크고, 뚱뚱하고, 밝아지지 않았겠어요? 그러고는
저한테 다시 버릇없이 방자한 짓을 하는 거예요. 저를
쓰다듬으면서 자기들의 여왕이라고 치켜세우더니
몸을 흔들어 댔어요. 그러자 금화가 쏟아져 내렸어요.

저기 의자 아래에 반짝거리는 금화를 좀 봐요. 그런데
재수가 없으려니 엎친 데 덮친 격이라고, 글쎄, 우리
퍼그가 그 금화 몇 개를 집어 먹고는 죽어 버렸어요.
저기 벽난로 앞에 누워 있잖아요. 아이고 불쌍한
우리 강아지! 정말 속상해 죽겠어요. 그 사람들이
가고 나서야 강아지가 죽은 것을 알았다구요. 먼저
알았다면 그 사람들이 사공한테 진 빚을 갚아
주겠다는 약속도 하지 않았을 거예요."

　"그 빚을 어떻게 갚는다는 거요?" 노인이
물었습니다.

　"사공한테 양배추 큰 것으로 세 통, 아티초크 세
개, 양파 세 개를 가져다 주겠다고 약속했어요. 날이
밝으면 그것을 강가로 가져가야 해요."

　"그렇게 하도록 해요. 그 사람들한테 도움 받을
일이 생길 수도 있을 테니까."

　"그 사람들이 우리를 도울지는 잘 모르겠어요.
그런데 제가 그 빚을 갚겠다고 맹세했다니까요."

그러는 동안 벽난로에 불이 사그러들었습니다. 노인은 석탄에 재를 듬뿍 뿌려서 덮고 의자 밑에 반짝거리는 금화도 옆으로 치웠습니다. 다시 노인의 등잔불만 아름답기 그지없는 빛으로 사방을 비추었습니다. 벽은 황금으로 뒤덮이고, 퍼그는 믿을 수 없을 만큼 멋진 오닉스로 변했습니다. 갈색과 검은색 보석이 번갈아서 모양을 이룬 것이 진귀한 예술품이 되었습니다. 노인이 아내에게 말했습니다.

"바구니를 가져와서 이 오닉스를 담아요. 양배추 세 통, 아티초크 세 개, 양파 세 개와 함께 강으로 가져 가구려. 정오가 되면 초록뱀한테 강을 건네 달라고 해서 아름다운 백합을 찾아가 이 오닉스를 선물로 드려요. 백합의 손길이 닿으면 살아 있는 모든 것이 죽듯이, 그 손길로 죽은 우리 퍼그가 다시 살아나 백합의 충실한 길동무가 될거요. 그리고 구원이 머지 않으니 슬퍼하지 말라고, 이제 때가 되어가니 가장 큰 불행을 가장 큰 행운으로 여겨야 한다고 전하시오."

날이 밝아오자 노파는 바구니에 물건을 담고
길을 떠났습니다. 아침 햇살을 받은 강물이 멀리서
은은하게 빛났습니다. 노파는 머리에 인 바구니가
무거워서 느릿느릿 걸었습니다. 노파를 무겁게
짓누르는 것은 오닉스가 아니었습니다. 노파는
무엇이든 죽은 것의 무게는 느끼지 않습니다. 죽은
것이 들은 바구니는 아예 노파 머리 위에 붕 떠
있었습니다. 반대로 살아 있는 동물이나 신선한
채소는 아주 무겁게 느낍니다. 한동안 언짢아하며
걸어가던 노파가 깜짝 놀라 멈춰 섰습니다. 갑자기
거인의 그림자가 앞쪽 평지로 드리워지면서 노파 바로
앞까지 뻗어오는 중이라 하마터면 그림자를 밟을
뻔했기 때문입니다. 그제야 강에서 목욕을 마치고
걸어 나오는 거인의 거대한 몸이 보였습니다. 노파는
어떻게 거인을 피해야 할지 몰랐습니다. 거인은

노파를 발견하자마자 익살을 떨며 인사했습니다.
그리고 거인의 그림자 손이 재빠르게 바구니 속을
뒤지고는 양배추, 아티초크, 양파를 각각 한 개씩
꺼내 거인 입속으로 재주껏 넣어 주었습니다. 그제야
거인은 강의 상류 쪽으로 가면서 노파에게 길을
내주었습니다.

　노파는 집으로 당장 돌아가 모자라는 채소를
밭에서 따서 채워야 하는 건 아닌지 생각했습니다.
그렇게 주저하면서도 계속 걸어가던 노파는 어느덧
강변에 도착했습니다. 그곳에서 사공이 오기를
기다리면서 한참을 앉아 있었습니다. 마침내 사공의
배가 보였습니다. 배에는 기이한 여행객이 한 명
있었습니다. 젊고 아름다운 귀공자가 나룻배에서
내리는데, 노파는 눈을 뗄 수가 없었습니다.

　"무엇을 가지고 오셨소?" 하고 사공이 노파에게
물었습니다.

　"도깨비불이 빚진 채소예요."

노파가 대답하면서 바구니에 들은 것을 보여
주었습니다.

　사공은 채소가 각각 두 개씩밖에 없는 것을
보고 노여워하며 그렇게는 받을 수 없다고 단호히
말했습니다. 노파는 지금 다시 집으로 돌아갈 수도
없고, 가야 할 길이 너무 멀고 힘드니 있는 채소라도
제발 좀 받아 달라고 간곡히 부탁했습니다. 하지만
사공은 자기가 결정할 수 없는 일이라면서 딱 잘라
거절했습니다.

　"나는 내가 받은 것을 아홉 시간 동안 함께 두어야
하오. 그리고 그중 삼분의 일을 강에 바쳐야 하고.
그러지 않고는 나는 아무 것도 가질 수 없도록 되어
있소."

　한참 동안을 그렇게 옥신각신 다투다가 마침내
사공이 말했습니다.

　"다른 방법이 하나 있기는 하오. 당신이 빚진
사람이라 인정하고, 강물에 당신을 저당하는 거지요.

그렇게 하겠다면 이 채소 여섯 개를 받겠소. 하지만
그에 따르는 위험이 있소."

"내가 약속을 지키면 위험에 빠지지 않겠지요?"

"물론 약속을 지키면 전혀 위험하지 않아요.
강물에 한쪽 손을 담그고 맹세해요, 24시간 안에
빚을 갚겠다고."

노파는 하라는 대로 했습니다. 하지만 물에서 뺀
손을 보고 소스라치게 놀라 자빠졌습니다. 손이
새까맣게 된 것입니다. 노파는 사공에게 불같이 화를
냈습니다. 자기 몸에서 제일 아름다운 것이 손이라는
둥, 힘든 일을 했어도 내 고상한 손만큼은 하얗고
곱게 가꾸었다는 둥, 노파는 짜증이 가득찬 얼굴로
손을 보며 절망스럽게 소리쳤습니다.

"아니, 이럴 수가! 이제 보니 손이 사라지네, 다른
손보다 훨씬 더 작아졌어!"

"지금은 그렇게 보일 뿐이지만, 강물에 맹세한 것을
지키지 않으면 진짜로 그렇게 될 거요. 손이 차츰차츰

작아지다가 결국 완전히 사라질 거요. 그런데 손을
계속해서 쓸 수는 있소. 눈에 보이지 않을 뿐 그
손으로 무슨 일이든 할 수 있다오."

"차라리 내가 손을 못쓰고, 사람들이 그걸
눈치채지 못하는 편이 낫겠어요."

노파가 혼자 중얼거렸습니다.

"그런데 이제는 왈가왈부해 보았자 아무 소용이
없어요. 내가 약속을 꼭 지켜서 이 검은 피부와
걱정거리를 벗어날 거예요."

노파가 이렇게 말하며 바구니를 들어올리자
바구니가 저절로 노파 머리 위로 올라가 공중에
붕 떴습니다. 그리고 저만치 생각에 잠긴 듯 천천히
강둑을 걷는 젊은이를 서둘러 쫓아갔습니다.
젊은이의 위엄 있는 용모와 특이한 복장이 노파에게
깊은 인상을 주었던 것입니다.

젊은이의 가슴은 갑옷으로 빛났고, 갑옷 사이로

아름다운 몸매가 움직이는 것이 세세하게 보였습니다.
어깨에는 자색 망토를 걸치고, 머리에는 아무 것도
쓰지 않은 채로 아름다운 갈색 곱슬머리가 물결처럼
찰랑거리고 있었습니다. 온화한 얼굴과 잘생긴 발에
햇살이 내려앉았습니다. 젊은이는 뜨거운 모래
강변을 아무렇지 않게 맨발로 걷고 있었습니다. 깊은
고통이 바깥에서 오는 인상을 무디게 만드는 것
같았습니다.

　수다스러운 노파가 어떡하든 젊은이에게
말을 걸어 보려 애썼지만 돌아오는 것은 짤막한
대답뿐이었습니다. 젊은이의 눈이 아름답기는 했어도,
노파는 계속 실없이 말 걸기가 피곤해져 작별 인사를
건넸습니다.

　"신사 양반은 너무 천천히 가시니 저 먼저
가야겠수. 저는 한 순간도 지체할 수 없어요.
초록뱀을 타고 강을 건너서 아름다운 백합에게 우리
영감이 보내는 멋진 선물을 전해 주어야 하거든요."

노파는 이렇게 말하고 발걸음을 재촉했습니다.
그러자 아름다운 젊은이가 갑자기 기운을 내서
똑같이 빠른 발걸음으로 노파를 따라오는
것이었습니다.

"아름다운 백합한테 가시는군요! 그렇다면 우리는
같을 길을 가는 중입니다. 백합에게 전할 선물은
무엇이죠?"

젊은이의 말에 노파가 대꾸했습니다.

"신사 양반, 내가 물어볼 때는 무뚝뚝하게 굴더니
내 비밀에 대해서는 이렇게 신이 나 물어봐도 되는
거요? 물물 교환하는 의미에서 젊은이가 살아온
얘기를 해주면 나도 내 처지가 어떤지, 이 선물은
무엇인지 숨기지 않고 털어놓겠어요."

둘은 서로 그렇게 하기로 했습니다. 노파는 그날
집에서 있었던 일과 죽은 퍼그에 대해 이야기하면서
바구니에 든 경이로운 선물을 보여 주었습니다.

젊은이는 주저하지 않고 바구니에서 자연석으로

된 예술품을 꺼내 들었습니다. 편안히 쉬고 있는 듯이
보이는 퍼그를 안고 말했습니다.

"행복한 녀석! 백합의 손길이 닿으면 다시
살아날테니. 살아 있는 존재는 슬픈 숙명에 빠지지
않기 위해 그녀를 피해야 하는데... 슬프다니, 내가
무슨 말을 하고 있는가! 그녀 손에 목숨을 잃는
것보다 그녀가 있기 때문에 마비 되는 것이 훨씬 더
우울하고 두려운 일이 아닌가!"

그리고 노파에게 말했습니다.

"한번 보세요, 이 나이에 제가 견뎌야 하는 비참한
상태를. 전투에서 명예롭게 걸친 이 갑옷, 지혜롭게
통치해서 얻으려고 노력했던 이 자색. 숙명은 갑옷을
불필요한 짐으로, 자색을 무의미한 장식품으로
만들었소. 왕관과 왕홀 그리고 왕검은 사라지고
말았소. 그뿐이랴, 이 땅의 다른 아들들과 다름없이
내 처지는 벌거벗고 곤궁하게 되었소. 그녀의
아름다운 벽안은 불운을 부르는 바 살아 있는 모든

존재에서 힘을 제거하고, 그녀가 어루만지는 손길에 목숨을 잃지 않은 존재는 살아서 배회하는 그림자 같은 상태로 전락했다 느끼지요."

젊은이는 장탄식을 이어갔습니다. 그렇지만 노파의 호기심은 조금도 채워지지 않았습니다. 노파는 젊은이의 속사정뿐 아니라 바깥 사정도 알고 싶었기 때문입니다. 지금까지 젊은이는 부친 존함도, 왕국 이름도 말하지 않고 딱딱한 퍼그만 쓰다듬을 뿐이었습니다. 퍼그는 따뜻한 품에 안겨 햇빛을 받아 살아 있을 때처럼 따끈따끈하게 되었습니다. 젊은이는 등잔불을 든 노인과 신성한 빛의 마력에 대하여 많은 것을 물었습니다. 가련한 자기 신세에 앞으로는 많은 행운이 있기를 그런 것에서 기대하는 듯했습니다.

이렇게 이야기를 나누는데 저 멀리서 강의 이쪽과 저쪽을 잇는 웅장한 궁형 다리가 보였습니다. 다리는 은은한 햇빛으로 신비스럽게 가물거렸습니다. 두

사람은 이 광경을 보며 경탄했습니다. 지금까지
이렇게 멋진 다리를 본 적이 없었기 때문입니다.
왕자가 감탄하며 외쳤습니다.

"예전에 다리가 벽옥璧玉과 녹석영綠石英으로 되어
있었을 때도 정말 아름다웠는데, 이제는 에메랄드와
녹옥수綠玉髓, 감람석橄欖石 장식으로 더할 나위 없이
우아하고 화려하게 보이는구나. 어떻게 저 다리에
감히 발을 들여놓을 수 있을까!"

두 사람은 초록뱀에게 일어난 변화를 모르고
있었습니다. 매일 정오마다 강을 가로질러 자신의
몸을 걸쳐서 독특한 다리 모양으로 서 있는 것은
바로 초록뱀이었던 것입니다. 두 사람은 경외하는
마음으로 다리로 올라가 말없이 건너갔습니다.

두 사람이 강 건너편에 도착하자마자 다리가
오르락내리락 출렁거리더니 잠시 뒤 강물을 살짝
건드렸습니다. 초록뱀이 본래 모양으로 돌아와 두
사람 뒤를 따라 기어 왔습니다. 두 사람은 초록뱀한테

강을 건널 수 있게 해 주어서 고맙다는 말을
했습니다. 그런데 그 말을 마치기도 전에 자기들 외에
다른 사람들이 더 있다는 것을 알아챘습니다. 눈에
보이지는 않는데 쉭쉭거리는 소리가 옆에서 들렸고,
그 소리에 초록뱀도 쉭쉭거리는 소리로 답하는
것이었습니다. 귀를 기울여 보니 목소리 한 쌍이
주고받는 말이 들렸습니다.

"먼저 우리는 아름다운 백합의 정원을 살짝
둘러볼게요. 밤이 되어 우리 모습이 그럴싸해지면
완벽한 미녀를 만나기 위해 당신을 찾을게요. 저쪽
커다란 호숫가에서 만나기로 해요."

초록뱀이 그리하겠다고 대답하자 쉭쉭거리는
소리가 공중에서 사라졌습니다.

이제 남은 셋은 어떤 순서로 아름다운 백합 앞에
나갈지 의논했습니다. 왜냐하면 아름다운 백합
주변에 아무리 많은 사람이 있을 수 있다 해도,

그녀가 심한 고통을 받지 않게 하려면 한 사람만 그녀 앞에 있어야 하기 때문입니다.

가장 먼저 노파가 바구니에 오닉스로 변한 강아지를 담아 들고 정원으로 들어갔습니다. 노파는 하프를 연주하며 노래를 부르고 있는 백합을 금세 찾았습니다. 사랑스러운 화음이 처음에는 고요한 호수 면에 동그라미를 그리며 나타났습니다. 그 다음에 가벼운 바람처럼 풀과 덤불을 움직였습니다. 울창한 숲으로 둘러싸인 푸른 잔디밭에 우람한 나무들이 그림자를 드리우고 있었습니다. 그림자 한 가운데에 아름다운 백합이 앉아 있었습니다. 그 광경에 노파의 눈과 귀와 심장은 처음 본 듯이 새롭게 매료되었습니다. 노파는 황홀한 마음으로 다가가며 자기가 오지 않은 동안 미녀가 더욱 아름다워졌다고 확신했습니다. 노파는 멀리서부터 사랑스러운 백합을 향해 목청 높여 인사하면서 칭송의 말을 아끼지 않았습니다.

"이렇게 공주님을 뵙다니 정말 영광입니다. 공주님이 계시니 하늘도 이렇게 푸르고 청명하군요! 하프는 어찌 그리 다소곳하게 공주님 무릎에 기대어 있는지! 어찌 그리 살포시 공주님의 팔에 안겨 있는지! 하프가 공주님 가슴을 그리워하는 듯이 보입니다. 공주님의 가냘픈 손가락이 하프에 닿으면 어찌 그리도 다정하게 울리는지! 하프의 자리를 차지할 수 있는 젊은이, 그대는 세상 그 누구보다 행복할지니!"

노파가 이렇게 말을 하면서 백합 가까이로 다가갔습니다. 아름다운 백합이 눈을 들어 노파를 보았습니다. 그리고 하프에서 손을 내리며 말했습니다.

"때 이른 칭찬으로 나를 슬프게 하지 말아요. 제 불운한 숙명을 더 깊이 느낄 뿐이예요. 여기를 좀 보세요, 제 발밑에 불쌍한 카나리아가 죽어 있는 것을. 제 노래에 정말 흥겹게 장단을 맞추곤 했는데...

제 몸에 닿지 않도록 세심하게 훈련시켰기 때문에
언제나 이 하프에 앉아 있었어요. 오늘 아침에 깨어나
상쾌한 기분으로 잔잔한 아침 노래를 부르려고
목청을 가다듬는 중이었지요. 이 작은 성악가도
그 어느 때보다 발랄하게 화음을 맞추었어요. 그때
갑자기 매 한 마리가 제 머리 위로 쏜살같이 날아오는
것이었어요. 카나리아가, 이 조그맣고 불쌍한 짐승이
너무 놀라서 제 가슴으로 뛰어들었어요. 그 순간에
제가 느낀건 빠져나가는 생명의 마지막 경련이었어요.
제 눈길이 명중한 강도는 정신을 잃고 저쪽 호수에
빠지기는 했지만, 그런 벌은 소용 없어요. 제 사랑하는
친구는 세상을 떠났으니까요. 그리고 카나리아의
무덤은 이 정원에 서글픈 덤불만 더 넓힐 뿐이에요."

"오, 아름다운 백합이여, 용기를 내셔요!"

노파가 흐르는 눈물을 닦으면서 소리쳤습니다.
백합의 불행한 이야기를 듣고 있자니 눈물이
쏟아졌던 것입니다.

"제 영감이 기운을 내서 버텨야 한다는 말을
전하라고 했어요. 애통한 마음을 달래고, 가장 큰
불행을 가장 큰 행운의 전조로 여기라고 했습니다.
왜냐하면 이제 때가 되었기 때문이라 합니다. 참으로
그렇다 합니다."

노파는 계속해서 말을 이어갔습니다.

"세상은 정말 요지경이에요. 여기 제 손으로
보세요. 얼마나 새까맣게 되었는지! 그러고 보니
정말로 훨씬 더 작아졌네요. 손이 다 사라지기 전에
서두르지 않으면 안되겠어요! 왜 제가 하필이면
그 도깨비불한테 부탁을 들어 준다 했는지? 왜
제가 하필이면 거인을 만났는지? 왜 제가 하필이면
강물에 손을 넣었는지? 공주님께서 저한테 양배추와
아티초크와 양파를 하나씩 줄 수는 없는지요?
그것을 강에게 주면 제 손이 다시 예전처럼 하얗게
되어서 공주님 손과 비교해도 거의 손색이 없을
텐데…"

"양배추와 양파는 정원에 있어요. 하지만 아티초크는 아무리 찾아도 없을 거예요. 이 정원에 있는 식물은 어떤 것도 꽃이 피지 않고 열매도 열리지 않아요. 하지만 내가 작은 가지를 하나 꺾어서 내 사랑하는 친구 무덤에 심으면 금세 크게 자라서 녹음이 무성해지지요. 저는 여기 있는 모든 것, 이 관목과 숲이 자라는 것을 유감스럽게도 다 보았어요. 소나무 우산, 편백나무 오벨리스크, 우람한 참나무와 너도밤나무, 이 모든 것이 한때는 작은 가지였어요. 불모지였던 이 곳에 제 손으로 심은 슬픈 기념비지요."

노파는 백합이 하는 말에는 별로 귀 기울이지 않았습니다. 아름다운 백합 옆에서 시간이 지날수록 점점 더 까매지고 점점 더 작아지는 듯한 자기 손만 바라보았습니다. 노파는 바구니를 들고 자리를 뜨려고 했습니다. 그때서야 잊어버리고 있던 소중한 선물이 떠올랐습니다. 얼른 바구니에서 보석으로

변한 퍼그를 꺼내 아름다운 백합에서 조금 떨어진
잔디에 놓았습니다.

"제 영감이 이 추억 어린 것을 전해 드리라 했어요.
공주님의 손길은 보석으로 변한 우리 강아지를 다시
살릴 수 있지요. 이 충직한 동물이 공주님께 분명히
많은 즐거움을 드릴 거예요. 사랑하는 친구를 잃은
슬픔은 그 친구가 공주님 옆에 있다는 생각으로
기쁨이 될 거예요."

아름다운 백합은 기뻐하면서 그 얌전한 동물을
바라보며 경탄했습니다.

"내게 희망을 불어넣는 많은 징후가 함께 모이고
있어요. 수많은 불행이 한꺼번에 일어나면 우리는
최고의 행운이 가까워진다 상상하지요. 아! 하지만
이는 우리 천성에서 나오는 망상이 아닌지요?"

훌륭한 징표가 이리 많은들 무슨 소용이 있는가?
새의 죽음, 친구의 새까만 손?
보석이 된 퍼그, 이 아이와 같은 것이 또 있는가?
등잔불이 이 아이를 내게 보내지 않았는가?

사람들이 즐기는 달콤한 향락은 저 멀리에 있고,
나는 오로지 고통거리만 짊어져야 하니.
아! 왜 신전은 강가에 서 있지 않는가?
아! 왜 다리는 지어지지 않는가?

아름다운 백합이 하프의 우아한 화음에
맞추어 이렇게 노래를 불렀습니다. 누구나 백합의
노래에 넋을 잃고 황홀해 하겠지만 노파는
안절부절못했습니다. 백합에게 막 하직 인사를
하려는데 초록뱀이 왔기 때문에 계속 머물러야
했습니다. 초록뱀은 오는 길에 노래의 마지막 소절을
들었습니다. 그래서 아름다운 백합에게 이렇게
용기를 북돋았습니다.

"다리에 관한 예언이 드디어 이루어졌습니다! 이 부인에게 물어보시면 압니다. 둥근 곡선의 다리가 얼마나 멋진지! 지금까지는 불투명한 벽옥이었던 것이, 기껏해야 모서리만 빛나는 녹석영이었던 것이 이제는 투명한 보석으로 변했답니다. 어떤 녹주석도 그보다 맑지 않고, 어떤 에메랄드도 그보다 고운 빛깔은 아닐 거예요."

초록뱀이 하는 말을 듣고서 백합이 대답했습니다.

"당신께 행운을 빌겠어요. 하지만 저를 용서하세요. 저는 예언이 아직은 이루어지지 않았다고 생각해요. 당신이 멋진 다리를 만들었지만, 그 위로는 사람들만 걸어 다닐 수 있어요. 제가 들은 바로는 보행자뿐 아니라 말과 마차와 여행객 등 가리지 않고 모두 그 다리를 오갈 수 있어야 한다고 했어요. 예언에 따르면 거대한 기둥이 강에서 저절로 나와서 세워질 것이라고 하지 않았던가요?"

그동안 내내 손에서 눈을 떼지 못한 노파가 대화에

끼어들며 작별 인사를 했습니다.

"잠시만 더 머물러 주세요."

아름다운 백합이 말했습니다.

"그리고 불쌍한 내 카나리아를 가져가서
등잔불한테 좀 부탁해 주세요. 카나리아를 예쁜
황옥으로 만들어 달라고. 제가 만져서 다시 살려내고
싶어요. 그렇게 살아난 카나리아는 당신의 착한
퍼그와 함께 나에게는 가장 좋은 소일거리가 될
거예요. 이제 서두르세요. 해가 지면 피할 수 없는
부패가 이 불쌍한 동물을 엄습할 거예요. 아름다운
이 모양이 영원히 파괴되고 말 거예요."

노파는 죽은 카나리아를 연한 풀잎으로 채운
바구니에 조심스럽게 담고 서둘러 길을 떠났습니다.

초록뱀이 끊어진 대화를 다시 이어갔습니다.

"신전은 어떻게든 세워질 것입니다."

"하지만 강가에는 아직 신전이 세워지지
않았어요."

"아직은 땅속 깊이 들어 있습니다. 제가 왕들을 보았고 이야기도 했습니다."

이 말에 백합이 물었습니다.

"하지만 언제쯤 왕들이 일어선답니까?"

"때가 되었노라는 성스러운 말씀이 신전에 울리는 것을 제가 들었습니다."

미녀의 얼굴에 안도하는 기색이 돌았습니다.

"오, 이것이 정말일까? 오늘 이 행운의 말을 두 번이나 듣다니. 이 말을 세 번 듣는 날은 언제쯤 올 것인가?"

백합이 자리에서 일어섰습니다. 그러자 곧 어여쁜 소녀가 관목숲에서 나와 하프를 받았습니다. 이어서 다른 소녀가 나와서 백합이 앉았던 상아로 깎은 접이의자를 접어 들고, 은색 방석은 옆구리에 끼워 넣었습니다. 그 다음 구슬로 수놓은 커다란 양산을 든 소녀가 나와서 산책에 필요할지 묻는 얼굴로 양산을 가리켰습니다. 세 소녀는 무엇을 하든

어여쁘고 매혹적이었습니다. 그렇지만 그 소녀들은
백합의 아름다움을 더 돋보이게 할 뿐이었습니다.
백합과 비교하다니, 그런 일은 당치도 않다는 것을
소녀들도 잘 알고 있었습니다.

그동안 아름다운 백합은 멋진 퍼그를 마음에
들어하며 살펴보고 있었습니다. 몸을 숙여 퍼그를
살짝 건드렸습니다. 그 순간 퍼그가 살아나 벌떡
일어났습니다. 주변을 두리번거리고 이리저리
뛰어다니다가 자기를 살려준 은혜에 보답이라도 하듯
백합에게 달려갔습니다. 백합은 퍼그를 들어 올려 꼭
안아 주면서 말했습니다.

"너 안에 생명이 절반만 들어 있는 것처럼
차갑구나. 그래도 잘 왔어. 정성을 다해 너를 돌봐
줄게. 재미있게 너와 놀아 주고, 마음을 다해
쓰다듬어 주고, 가슴에 꼭 품어 줄게."

이렇게 말하면서 퍼그를 잔디에 놓아 주고 그 뒤를
쫓아 가다가 다시 불러서 함께 장난을 쳤습니다.

백합은 어린아이처럼 퍼그와 함께 이리저리 잔디밭을
뛰어다녔습니다. 친구들은 넋을 잃고 그 광경을
바라보며 백합의 기쁨을 나누는 수밖에 없었습니다.
조금 전에 백합의 슬픔에 가슴 저미도록 아파한
것처럼 말입니다.

　이 즐거운 분위기, 이 사랑스러운 놀이는 슬픈
젊은이가 도착하면서 중단되었습니다. 젊은이가
들어올 때 모습은 우리가 알던 그대로였지만, 더운
날씨 탓으로 더 지친 듯이 보였습니다. 그리고
사랑하는 사람이 앞에 있어서인지 점점 핼쑥해지는
듯했습니다. 젊은이의 팔뚝에는 매가 비둘기처럼
얌전하게 날개를 축 늘어뜨리고 앉아 있었습니다.
그것을 본 백합이 소리쳤습니다.
　"저 가증스러운 동물을 내 눈앞에 데려오다니! 내
귀여운 성악가를 죽인 괴물을 데려오다니, 참으로
잔인하군요."

이에 젊은이가 응수했습니다.

"불행한 새를 너무 꾸짖지 마세요! 그보다는 당신과 당신의 숙명을 탓하세요. 그리고 내 불행의 길동무와 함께 있도록 허락해 주세요."

젊은이와 얘기하는 동안에도 퍼그는 쉴 새 없이 아름다운 백합에게 장난을 쳤고, 백합은 그 투명한 귀염둥이를 더할 나위 없이 사랑스럽게 대했습니다. 손뼉을 쳐서 내쳤다가 다시 쫓아가 불러오고, 이렇게 퍼그가 달아나면 잡으려 하고, 품에 안기려 하면 멀리 쫓아버렸습니다. 젊은이는 말없이 그 모든 광경을 바라보다 점점 더 짜증이 났습니다. 마침내 더 이상 참지 못하고 어쩔 줄 몰라 하면서 고함을 질렀습니다. 왜냐하면 젊은이가 보기에는 너무 추하고 역겹게 생긴, 그 못생긴 동물을 백합이 들어 올려서 새하얀 품에 꼭 안고 새까만 주둥이에 천상의 꽃 같은 입술로 뽀뽀를 했기 때문입니다.

"진정 이래야 한다는 말이오? 서글픈 운명 때문에

당신과 영원히 떨어져서 살아야 하는 내가, 당신
때문에 모든 것을, 심지어 나 자신도 잃어버린 내가,
이 기괴하고 볼품없는 것이 당신을 기쁘게 만들고,
당신 사랑을 독차지하고, 당신 품에 안기는 것을
보아야 하겠소? 아직도 더 오랫동안 강 이쪽에서
저쪽으로, 저쪽에서 이쪽으로 오락가락하면서 그
서글픈 순환을 재어야 한다는 말이오? 아니요! 비록
세월이 흘렀지만 영웅다운 기백은 아직 내 가슴
속에 불씨로 남아 있다오! 그 불씨가 바로 이 순간에
마지막 불꽃으로 활활 불타고 있소! 돌멩이가 당신
품에 안겨 있을 수 있다면, 나는 차라리 돌멩이가
될 것이오. 당신의 손길이 죽음을 부른다면, 나는
차라리 당신 손에 죽을 것이오."

이 말과 함께 젊은이가 격렬하게 움직였습니다.
매가 젊은이의 손을 떠나 날아갔습니다. 하지만
젊은이는 백합에게 돌진했습니다. 백합이 양손을
내뻗었습니다. 젊은이를 막으려 했습니다. 그렇지만

오히려 더 빨리 젊은이의 몸을 건드렸을 뿐입니다.
젊은이는 의식을 잃었고, 공포에 질린 백합은
가슴을 짓누르는 그 아름다운 무게를 느꼈습니다.
백합은 외마디 비명을 지르면서 한 발 물러섰습니다.
사랑스러운 젊은이가 넋을 잃은 채 백합의 팔에서
바닥으로 쓰러졌습니다.

　불행은 일어나고야 말았습니다! 아름다운 백합은
꼼짝 않고 서서 넋이 빠져나가 죽은 몸을 뚫어지게
바라보았습니다. 가슴 속 심장은 멈추는 듯했고
눈물조차 어리지 않았습니다. 퍼그만 백합의
사랑스러운 손길을 얻으려 헛되이 애를 썼습니다.
젊은이와 함께 모든 세상이 죽어버렸습니다. 백합의
말 없는 절망은 아무 도움도 구하지 않았습니다. 그
절망은 도움이라는 걸 전혀 모르기 때문입니다.
　그에 반해 초록뱀은 부지런히 움직였습니다. 어떻게
구해야 할지 생각하는 듯이 보였습니다. 초록뱀의

기이한 움직임은 불행에 이어질 참혹한 결과를
적어도 잠시나마 막는데 실제로 도움이 되었습니다.
초록뱀은 유연한 몸으로 죽은 젊은이 주변에 커다란
원을 만든 뒤 꼬리를 입에 물고 조용히 기다렸습니다.

그리 오래 지나지 않아 아름다운 시녀 한 명이
상아로 깎은 의자를 갖고 와서 백합에게 앉도록
권했습니다. 이어서 두 번째 시녀가 와서 불꽃처럼
빨간 면사포를 가져와 백합의 머리를 장식하듯
둘렀습니다. 세 번째 시녀는 하프를 가져왔습니다.
백합이 그 멋진 악기를 품에 안고 현에서 몇몇 음이
울려나도록 했습니다. 그러자 곧 첫 번째 시녀가
밝고 둥근 거울을 들고 와 백합 앞에 섰습니다.
시녀는 거울에 백합의 눈길을 받았습니다. 거울
속에는 세상에서 발견할 수 있는 가장 우아한 모습이
있었습니다. 고통은 그녀의 아름다움을, 면사포는
그녀의 매력을, 하프는 그녀의 기품을 드높였습니다.
모두 그녀의 상황이 달라지기를 간절히 바랐고,

그녀의 모습이 지금 이대로 변치 않기를 절실히
기원했습니다.

　그녀가 말 없는 눈길로 거울을 바라보며 하프의
현에서 감미로운 소리가 울려나도록 했습니다. 금세
그녀의 고통이 더욱 고조되는 것 같았습니다. 하프의
현이 그녀의 탄식에 온 힘을 다해 답했습니다. 백합은
노래를 부르기 위해 몇 번이나 입을 움직였지만
목소리가 나지 않았습니다. 마침내 고통이 눈물이
되어 흘러내렸습니다. 두 소녀가 백합의 팔을 잡아
부축했습니다. 하프가 바닥으로 떨어질 뻔했습니다.
하지만 다른 소녀가 재빨리 붙잡아서 안전한 곳으로
옮겼습니다.

　"해가 지기 전에 누가 등잔불을 든 노인을 데려올
수 있을까요?"

　초록뱀이 나직하지만 분명하게 알아들을 수 있는
소리로 말했습니다. 소녀들은 서로 바라보기만
했고, 백합은 하염없이 눈물만 흘렸습니다. 바로

그때 노파가 바구니를 가지고 헐레벌떡 돌아오며
울부짖었습니다.

"제 인생은 다 끝났어요, 저는 병신이 되고 말
거예요! 이것 좀 보세요. 제 손이 거의 전부 사라지고
말았어요! 사공도 거인도 저를 강 건너편으로
데려다주지 않으려 해요. 제가 강물에 빚을 졌기
때문이랍니다. 양배추를 백 통 준다고 해도, 양파를
백 개 준다고 해도 아무 소용이 없었어요. 세
개 이상은 바라지 않는대요. 게다가 아티초크는
여기에서 구할 수도 없어요."

노파가 늘어놓는 불평에 초록뱀이 말했습니다.

"당신 문제는 아무 것도 아니에요. 여기 일을 좀
도와주세요. 그러다 보면 당신도 도움을 받을 수 있을
거예요. 빨리 도깨비불을 좀 찾아봐요! 지금은 아직
낮이라 잘 보이지 않겠지만, 그래도 도깨비불이 웃고
떠드는 소리는 들을 수 있을 거예요. 지금 서둘러
찾으면 도깨비불이 거인의 그림자를 타고 강을

건너서 등잔불을 든 노인을 찾아 여기로 오라고 할
수 있을 거예요."

　노파는 있는 힘을 다해 서둘렀습니다. 초록뱀은
백합과 마찬가지로 초조한 가운데 두 사람이
돌아오기를 기다리는 듯이 보였습니다. 불행히도 벌써
석양빛이 숲속의 나무 꼭대기만 금빛으로 물 들였고,
호수와 풀밭 위에는 긴 그림자를 드리웠습니다.
초록뱀은 안절부절못했고, 백합은 눈물만 흘렸습니다.

　이렇게 다급한 상황에서도 초록뱀은 경계를
늦추지 않으면서 주위를 돌아보았습니다. 왜냐하면
해가 지기만 하면 부패시키는 힘이 마법의 원을 뚫고
들어와 아름다운 젊은이를 사정없이 덮칠 것이기
때문입니다. 마침내 저 하늘 높은 곳에 자색 깃털을
한 매가 보였습니다. 매의 가슴은 석양의 마지막
빛을 받고 있었습니다. 초록뱀은 이 좋은 징표에
기뻐하면서 몸을 떨었습니다. 그것은 초록뱀이 잘못

본 것이 아니었습니다. 잠시 후, 등잔불을 든 노인이
스케이트를 타는 것처럼 호수 위를 미끄러져 오는
것이었습니다.

초록뱀은 몸을 움직이지 않고 그대로 있었습니다.
반면에 백합은 벌떡 일어나서 노인을 향해
소리쳤습니다.

"천우신조로다, 그대를 이곳으로 보내시니. 그대가
오기를 얼마나 기다렸는지, 그대의 도움이 얼마나
절실했는지!"

"제 등잔불이 저를 재촉했고, 매가 저를 이곳으로
데려왔습니다. 저의 도움이 필요한 사람이 있으면 제
등잔불은 '탁탁' 불꽃이 튀지요. 그럴 때면 어디에
징표가 있는지 그저 하늘만 쳐다보면 됩니다. 어느
새 한 마리나, 어느 유성 하나가 제가 갈 곳으로
인도해주지요. 세상에서 가장 아름다운 소녀여,
걱정하지 말아요! 제가 정말 도울 수 있는지는 잘
모르겠습니다. 누구도 혼자서는 돕지 못합니다.

적절한 때에 다른 사람들과 힘을 합치는 사람만
도울 수 있습니다. 그러니 잠시 미루어두고 희망을
가지기로 합시다."

그리고 노인은 초록뱀한테 말했습니다.

"네가 만든 원을 그렇게 잘 유지하고 있어야 한다."

그다음에 옆에 있는 흙무더기에 걸터앉아 등잔불로
죽은 젊은이의 몸을 비추었습니다.

"착한 카나리아도 가져와서 이 원 안에 놓아요!"

소녀들은 노파의 바구니에서 죽은 카나리아를 꺼내
와 노인이 말한대로 했습니다.

그사이 해는 졌습니다. 어둠이 짙어질수록
초록뱀과 노인의 등잔불만 밝아진 것이 아닙니다.
백합의 면사포도 부드럽게 빛났습니다. 미묘한
여명처럼 그 빛은 공주의 창백한 볼과 한없이 우아한
순백의 드레스를 물들였습니다. 모두 말없이 서로
바라보기만 했습니다. 확실한 희망이 근심 걱정을

누그렸습니다.

   그래서 노파도 쾌활한 도깨비불과 함께 있는
것이 그리 불편하지 않았습니다. 도깨비불은 다시
아주 홀쭉해져 있었습니다. 낮에 헤어진 이후로
마구 허비한 것이 틀림없었습니다. 바로 그런 탓에
공주와 시녀들이 있는 곳에서 더 점잖을 부렸습니다.
도깨비불은 온갖 미사여구로 상당히 진부한 것들을
아주 당당하게 이야기했습니다. 특히 백합이 두르고
있는 면사포와 시녀들이 발산하는 매력에 홀딱
반해서 호들갑을 떨었습니다. 시녀들은 겸손하게
고개를 숙이고 있었습니다. 그들의 아름다움을
칭찬하는 말이 정말로 그들을 더 아름답게 해주는
것 같았습니다. 노파를 빼고는 모두 기쁜 마음으로
침묵을 지켰습니다. 등잔불 빛을 받으면 손은 더 이상
작아지지 않는다고 남편이 보장하는데도 노파는
이대로라면 자정이 되기 전에 고상한 자기 손이 전부
사라질 거라고 몇 번이나 주장했습니다.

노인은 도깨비불이 하는 대화에 주의를 기울이며
백합을 살폈습니다. 재미있는 이야기에 백합의 기분이
좀 괜찮아지는 것 같아 안심했습니다. 어느덧 자정이
되었습니다.

노인이 하늘의 별들을 바라본 다음, 말하기
시작했습니다.

"이 행운의 시간에 우리 모두 함께 모였습니다.
저마다 자기 일을 처리합시다. 저마다 자기 의무를
다 합시다. 그러면 모두의 불행이 한 사람의 기쁨을
소모하듯이, 모두의 행운은 한 사람의 고통을
사라지게 할 것입니다."

노인이 말을 마치자 경이로운 소음이 일었습니다.
왜냐하면 그 자리에 있는 모든 사람이 자기가 무슨
일을 해야 할지 큰 소리로 혼잣말을 했기 때문입니다.
세 명의 시녀들만 조용했습니다. 한 명은 하프 옆에,
다른 한 명은 양산 옆에, 세 번째는 의자 옆에서 잠이
들었던 것입니다. 사실 깊은 밤이라 시녀들 탓을 할

수는 없었습니다. 활활 불타오르는 신사들은 아까
잠시 시녀들에게 바쳤던 기사도를 이제는 가장
아름다운 백합에게 바쳤습니다.

노인이 매에게 말했습니다.

"이 거울을 가지고 하늘 높이 날아올라 아침 첫
햇살이 잠자는 시녀들 얼굴에 비치도록 해라. 그러면
잠에서 깨어날 것이다."

초록뱀이 이제 조금씩 움직이며 원을 풀었습니다.
그리고 있는 힘을 다해 천천히 강으로 기어 갔습니다.
그 뒤를 도깨비불이 엄숙하게 따랐습니다. 그래서
이제 아주 근엄한 불꽃이 되었나 하는 생각이 들
정도였습니다. 그때까지는 아무도 알아보지 못했는데
바구니가 은은하게 빛나고 있었습니다. 노부부가
함께 바구니를 들고 양쪽으로 잡아당겼습니다.
그러자 바구니가 점점 더 커지고 환해졌습니다.
노부부는 바구니에 죽은 젊은이를 담고, 젊은이
가슴에 카나리아를 놓았습니다. 그러자 바구니가

저절로 노파의 머리 위에 올라가 붕 떴습니다. 그렇게
노파가 도깨비불 뒤를 따라 갔습니다. 아름다운
백합은 퍼그를 안고 노파의 뒤를 따랐습니다. 행렬의
맨 끝에 등잔불을 든 노인이 있었습니다. 주변은 이
여러 가지 불빛으로 기기묘묘하게 빛났습니다.

그렇게 강가에 도착했을 적에 모두 적잖이
놀랐습니다. 강물 위로 찬란한 다리가 궁형으로
드리워 있었기 때문입니다. 자비로운 초록뱀이
그들을 위해 빛나는 길을 마련해 준 것입니다.
낮에 다리는 투명한 보석이 경이로웠는데, 밤이 된
지금은 장엄한 빛이 놀라웠습니다. 위쪽은 밝은
곡선이 캄캄한 하늘에 선명한 선을 그었습니다.
반면에 아래쪽은 생생한 빛이 중심을 향해 번쩍이며
건축물의 유연한 안정성을 보여 주었습니다. 행렬은
천천히 다리를 건넜습니다. 저 멀리 오두막에서는
사공이 빛나는 궁형과 그 위를 지나는 기이한

불빛을 바라보며 놀라워하고 있었습니다. 행렬이 강 건너편에 도착하자마자 궁형 다리는 출렁거리며 파도 모양으로 강물로 내려앉기 시작했습니다. 초록뱀은 곧장 강둑으로 기어 올라갔습니다. 바구니도 땅에 내려앉았습니다. 초록뱀은 바구니 주변에 다시 원을 만들었습니다. 노인이 몸을 굽혀 초록뱀한테 물었습니다.

"너는 무슨 결정을 내렸느냐?"

이 질문에 초록뱀이 대답했습니다.

"제가 희생양으로 바쳐지기 전에 저 스스로 희생하기로 했어요. 저에게 약속해 주세요. 돌은 한 개도 강변에 남겨 두지 않겠다고요."

노인은 초록뱀에게 그렇게 하겠다고 약속했습니다. 그 다음에 아름다운 백합에게 말했습니다.

"초록뱀에게는 왼손을, 사랑하는 사람의 몸에는 오른손을 살짝 대세요."

백합은 무릎을 꿇고 앉아서 초록뱀과 젊은이의

죽은 몸에 두 손을 댔습니다. 그 순간 젊은이가
다시 살아나는 듯했습니다. 바구니 속에서 몸을
움직이는 듯하더니 정말로 일어나서 앉았습니다.
백합이 젊은이를 껴안으려 했습니다. 하지만 노인이
만류했습니다. 그 대신에 젊은이를 일으켜 세워
초록뱀이 만든 원 바깥으로 데리고 나왔습니다.

　그곳에 서 있는 젊은이의 어깨로 카나리아가
날아가 앉았습니다. 둘 다 다시 살아나기는 했지만
정신은 아직 들지 않았습니다. 아름다운 젊은이는
두 눈을 뜨고 있기는 해도 보지는 않았습니다.
본다고 해도 주변 모든 것에 아무 관심이 없는 것
같았습니다. 모두 이 기적 같은 일에 놀란 것도 잠시,
이번에는 초록뱀이 기이하게 변한 것을 알아챘습니다.
날씬하고 아름다웠던 몸이 수천 개의 빛나는
보석으로 조각나 있었습니다. 노파가 바구니를
잡으려다가 경솔하게 보석 무더기를 건드렸습니다. 뱀
모양은 더 이상 보이지 않았습니다. 빛나는 보석으로

된 원만 풀밭에 아름답게 남아 있었습니다.

　노인이 그 돌들을 바구니에 주워 담기 시작했고,
노파도 거들었습니다. 그런 다음 노인과 노파는 함께
바구니를 들고 강가 조금 높은 곳으로 갔습니다.
노파와 아름다운 백합은 돌 몇 개를 골라서 간직하고
싶어 주저했지만 노인이 바구니의 돌들을 모두
강물에 던져 넣었습니다. 반짝반짝 빛나는 별들처럼
강물 속으로 휩쓸려 들어가는 돌들이 강 하류로
흘러내려가는지 아니면 바로 강바닥으로 가라앉는지
알 길이 없었습니다.

　그다음, 노인은 도깨비불한테 정중하게 말했습니다.
　"신사 분들, 이제 내가 당신들한테 성스러운
신전으로 가는 길을 보여주겠소. 그곳으로 가는
통로는 내가 열 것이오. 하지만 우리가 이번에
통과해야 할 문은 당신들이 열어야 하오. 당신들만 그
문을 열 수 있기 때문이오."

도깨비불은 공손하게 몸을 숙이고 절을 한 다음 뒤로 물러났습니다. 등잔불을 든 노인이 앞에 있는 절벽 틈새로 들어갔습니다. 젊은이가 그 뒤를 기계처럼 움직이며 따랐습니다. 아름다운 백합이 머뭇거리다가 젊은이 뒤에 약간 거리를 두고 떨어져 조용히 따랐습니다. 노파도 바깥에 남아 있기 싫어서 등잔불 빛이 손에 닿도록 앞으로 손을 뻗고 따라갔습니다. 행렬의 맨 끝에는 두 도깨비불이 있었습니다. 그들은 불꽃 꼭대기를 앞으로 향하고 서로 무슨 얘기를 하는 것 같았습니다.

얼마 가지 않아서 청동으로 된 커다란 대문 앞에 도착했습니다. 대문은 금으로 된 자물쇠로 잠겨 있었습니다. 노인이 도깨비불을 부르자 둘은 부리나케 달려와 뾰족한 불꽃으로 자물쇠와 빗장을 샅샅이 핥아 먹었습니다.

청동 대문은 큰 소리를 내며 열리고, 노인이

등잔불로 성스러운 신전을 비추자 고귀한 왕들의
동상이 드러났습니다. 모두 그 존엄한 지배자들
앞에 몸을 숙였습니다. 물론 도깨비불도 잊지 않고
곱슬곱슬한 절을 했습니다.

　잠시 정적이 흐른 뒤 황금으로 된 왕이
질문했습니다.

"너희들은 어디에서 왔느냐?"

노인이 대답했습니다.

"세상에서 왔습니다."

이번에는 은으로 된 왕이 물었습니다.

"너희들은 어디로 가느냐?"

노인이 다시 대답했습니다.

"세상으로 갑니다."

그 다음에는 청동으로 된 왕이 물었습니다.

"여기서 무엇을 바라느냐?"

"당신들과 함께 하겠습니다."

여러 금속으로 된 왕이 막 말을 하려는 참에

황금으로 된 왕이 가까이 다가오는 도깨비불에게
말했습니다.

"너희는 나한테서 물러나거라. 내 금은 너희 입맛에
맞지 않을테니."

그 말을 들은 도깨비불은 은으로 된 왕에게 가서
착 달라붙었습니다. 도깨비불의 불빛을 받아 은으로
된 왕의 옷이 노란색으로 아름답게 빛났습니다.

"너희들을 환영하기는 하는데, 나는 너희를
먹여 살릴 수 없구나. 다른 곳에 가서 배를 채우고
나한테는 너희들의 빛을 가져오너라." 하고 은으로 된
왕이 말했습니다.

도깨비불은 청동으로 된 왕에게 살그머니 갔지만
청동 왕은 도깨비불을 전혀 알아채지 못하는
듯했습니다. 그 다음에 도깨비불은 여러 금속이
혼합된 왕에게 갔습니다.

"누, 누, 누가 세, 세, 세상을 지배할 것인가?"

이렇게 더듬거리며 혼합된 왕이 묻자 노인은

대답했습니다.

"자신의 두 발로 서 있는 사람이 세상을 지배할 것이오."

"그, 그, 그건 바, 바, 바로 나야!" 하고 혼합된 왕이 말했습니다.

그러자 노인이 말했습니다.

"그것은 밝혀질 것입니다. 왜냐하면 때가 되었기 때문입니다."

그 말이 울려 퍼지자 아름다운 백합은 노인의 목을 얼싸안고 진심 어린 입맞춤을 했습니다.

"성인이여, 정말 정말 고맙습니다. 이 예감에 찬 말씀을 오늘 세 번째 듣기 때문입니다."

백합은 이 말을 마치기도 전에 노인한테 더 꽉 매달려야 했습니다. 왜냐하면 바닥이 흔들리기 시작했기 때문입니다. 노파와 젊은이도 서로 끌어안았습니다. 공중에 떠돌아다니는 도깨비불만 아무 것도 알아채지 못했습니다.

닻을 올리고 천천히 항구를 벗어나는 배처럼
신전 전체가 움직이는 것을 분명하게 느낄 수
있었습니다. 신전이 지나갈 수 있도록 땅속 깊은 곳이
갈라지는 듯했습니다. 신전은 아무 것에도 부딪치지
않았습니다. 가는 길에 신전을 가로막는 암벽이
하나도 없었습니다.

가는 비가 궁륭 천장에 벌어진 틈으로 잠깐 내리는
것 같았습니다. 노인이 아름다운 백합을 안전하게 꽉
잡고 말했습니다.

"우리는 지금 강 밑을 지나고 있어요. 곧 목적지에
도착할 것입니다."

그리고 얼마 뒤 신전이 멈추는 것 같았습니다.
그런데 그것은 착각이었습니다. 이제는 신전이 위로
솟아오르는 것이었습니다. 머리 위로 거센 폭풍우가
몰아치는 듯한 소리가 들렸습니다. 그리고 이어서
요란한 소리와 함께 궁륭 천장에 난 구멍으로

나무 기둥과 판자들이 대충 이어진 상태로 떨어져
내렸습니다. 아름다운 백합과 노파는 얼른 옆으로
피했습니다. 등잔불을 든 노인은 젊은이를 데리고
그 자리에 가만히 있었습니다. 사공의 오두막집이
노인과 젊은이 위로 천천히 내려앉았습니다. 신전이
위로 솟아 오르면서 사공의 오두막을 땅에서 통째로
들어올렸기 때문에 천장 구멍으로 떨어져 들어왔던
것입니다.

　여인들이 놀라 소리를 질렀습니다. 뜻밖에
육지에 닿은 배처럼 신전이 흔들렸습니다. 두
여인은 겁에 질린 채 어둠 속에서 오두막 주변을
헤매고 다녔습니다. 닫혀 있는 문을 두드렸지만
아무도 나오지 않았습니다. 다시 더 세게 문을
두드리다가 깜짝 놀랐습니다. 나무로 된 문이 이상한
소리로 울렸기 때문입니다. 안에 갇힌 등잔불의
마력으로 오두막이 안쪽부터 시작해 은으로 변한
것이었습니다. 얼마 지나지 않아 집의 모양도

변했습니다. 제멋대로 생긴 기둥과 들보, 판자
모양을 벗어나 귀금속으로 화려하게 세공한 집으로
확장되었기 때문입니다. 커다란 신전 한 가운데에
제단이라고 해도 좋을 작은 신전이 품위 있게 세워진
것입니다.

　이제 젊은이가 작은 신전 안에 있는 계단을
올라갔습니다. 노인이 등잔불로 젊은이가 가는 길을
밝혔습니다. 그런데 하얀 웃옷을 입고 손에는 은빛
노를 든 사람이 나타나 젊은이를 도왔습니다. 그
사람한테서 이제는 제단으로 변한 오두막의 주인,
사공을 금세 알아볼 수 있었습니다.
　아름다운 백합은 신전에서 제단으로 이어지는
바깥쪽 계단을 올라갔습니다. 하지만 사랑하는
사람과 아직 거리를 두어야 했습니다. 등잔불이 작은
신전 안에 있는 동안 점점 작아지는 자신의 손을
보고 노파가 소리를 질렀습니다.

"나는 결국 불행해져야 할 운명이란 말인가?
이렇게 많은 기적이 일어나는데 내 손을 구해 줄
기적은 없다는 말인가?"

그러자 노파의 남편이 열려 있는 대문을
가리키면서 말했습니다.

"저기를 좀 보시오. 곧 날이 밝을 거요. 서둘러
강으로 가서 목욕을 하시오."

노파가 탄식하며 소리 질렀습니다.

"영감은 어찌 그런 조언을 하시오! 이제는 내 몸이
모두 새까맣게 되어 아예 사라져버리라는 말이에요?
나는 아직 빚을 갚지 못했잖아요."

노인이 대답했습니다.

"내 말을 들어요. 빚은 모두 갚았으니 어서 강으로
가도록 해요."

그 말을 들은 노파는 서둘러 나갔습니다. 바로
그 순간, 떠오르는 태양의 빛이 둥근 지붕 꼭대기
화관을 비추었습니다. 노인이 젊은이와 백합 사이에

서서 우렁찬 목소리로 말했습니다.

"저 지상에서 지배하는 것 세 가지가 있노라.
그것은 바로 지혜, 환상, 권력이다."

지혜라는 말에 황금으로 된 왕이, 환상이라는
말에 은으로 된 왕이 일어섰습니다. 권력이라는 말에
청동으로 된 왕이 천천히 몸을 일으켜 세웠습니다.
바로 그때 여러 금속으로 된 왕이 꼴사납게
주저앉았습니다.

엄숙한 순간인데도 그 모습에 사람들은 웃음을
참기 어려웠습니다. 여러 금속으로 된 왕이 앉지도,
서지도, 기대지도 못하고, 이상한 모양으로 푹 꺼져
있었기 때문입니다.

그때까지 네 번째 왕에게 달라붙어 바쁘게
움직이던 도깨비불이 옆으로 비켜났습니다.
도깨비불은 아침 햇살로 약간 핼쑥해 보였지만
그래도 잘 먹어서인지 활활 타오르고 있었습니다.
뾰족한 불꽃 혓바닥으로 능숙하게 그 육중한 동상

깊숙한 곳까지 금맥을 따라 낱낱이 핥아 먹었던
것입니다. 그렇게 핥아 먹어서 듬성듬성 생긴 공간이
얼마 동안은 열린 상태에서 유지 되었고, 동상도 원래
모양으로 있었습니다. 하지만 아주 섬세한 맥관까지
다 핥아 먹고 나자 동상이 무너지고 만 것입니다.
그런데 사람이 앉을 때 접히지 않고 온전하게 있어야
할 부위만 무너지고, 접혀야 되는 관절은 뻣뻣하게
남아 있었습니다. 사람들은 웃을 수조차 없어서
눈길을 돌려야 했습니다. 형태와 덩어리 중간쯤 되는
그 모양이 보기에 역겨웠기 때문입니다.

　젊은이는 아름답지만 아직도 멍한 눈으로 앞만
뚫어지게 보고 있었습니다. 등잔불을 든 남자가
젊은이를 제단에서 데리고 내려가 청동으로 된 왕
앞으로 인도했습니다. 그 강력한 지배자 앞에는
청동 칼집에 꽂힌 보검이 놓여 있었습니다. 젊은이가
보검을 허리에 찼습니다.

　"보검은 왼쪽에, 오른쪽은 비워 두라!"

막강한 왕이 우렁차게 말했습니다. 이제 젊은이와 등잔불을 든 남자는 은으로 된 왕 앞으로 갔습니다. 왕이 젊은이에게 왕홀을 하사했습니다. 젊은이가 그 왕홀을 왼손으로 받아들자 왕은 친절한 목소리로 말했습니다.

"양들을 잘 치도록 하라!"

두 사람이 금으로 된 왕 앞으로 오자, 왕은 아버지처럼 축복을 내리며 참나무로 된 왕관을 젊은이 머리에 씌워 주고 말했습니다.

"지고지상의 것을 인식하라!"

이 의식이 거행되는 동안, 등잔불을 든 남자는 젊은이를 꼼꼼하게 살폈습니다. 젊은이가 보검을 허리에 차고 나자 가슴에는 힘이 들고, 두 팔이 움직이고, 두 발은 더 탄탄하게 바닥을 밟았습니다. 왕홀을 손에 잡자 기력이 완화되고, 이루 말할 수 없는 매력으로 더 강해지는 것 같았습니다. 마침내 참나무 왕관이 젊은이의 곱슬머리를 장식하자 용모에

생기가 돌고, 두 눈은 형용할 수 없는 정신을 담은 듯
반짝반짝 빛이 났습니다.

"백합이여!"

이것이 젊은이의 입에서 나온 첫마디였습니다.

"사랑하는 백합이여!"

젊은이는 이렇게 소리치며 백합을 향해 은으로 된
계단을 달음질쳐 올라갔습니다. 백합은 작은 신전의
첨탑에서 젊은이의 여정을 지켜보고 있었던 것입니다.

"사랑하는 백합이여! 당신 가슴이 내게 바친
순수함과 잔잔한 애정. 모든 것을 가진 남성이 어떻게
이보다 더 고귀한 것을 바랄 수 있겠소?"

그리고 성스러운 세 왕의 동상을 바라보며
등잔불을 든 남자에게 말했습니다.

"오! 친구여, 우리 아버지들의 나라는 물론
안정되어 있고 훌륭하오. 하지만 그대는 훨씬 더 먼
옛날부터 보편하고 확실하게 세상을 지배해 온 네
번째 힘을 잊었소. 그것은 바로 사랑의 힘이라오."

이렇게 말하며 젊은이는 아름다운 백합을
안았습니다. 백합은 면사포를 벗었습니다.
백합의 볼이 그지없이 아름다운 불멸의 홍조로
물들었습니다. 그 모습에 노인이 미소를 지으며
말했습니다.

"사랑은 지배하지 않습니다. 사랑은 지어 냅니다.
그리고 이는 지배 이상이지요."

이 장엄함, 이 행운, 이 기쁨에 취해 모두
날이 밝았다는 것도 모르고 있었습니다. 그런데
열려진 대문 사이로 기대하지 않은 풍경이 눈에
들어왔습니다. 가장자리에 커다란 기둥들이 줄줄이
늘어선 광장이 신전 앞에 있었고, 그 광장 끝에는
수많은 궁형 교각이 받치고 있는 웅대한 다리가
강을 가로지르고 있었습니다. 다리 위 양쪽에는
보행자들이 편안하게 다닐 수 있는 주랑柱廊이
화려한 모양으로 지어져 있었습니다. 거기에는 벌써

수천 명의 사람이 이쪽 저쪽으로 부지런히 다니고 있었습니다. 양쪽 주랑 사이로 난 길은 가축 떼와 짐을 운반하는 노새, 마차와 마부로 북적거렸습니다. 하지만 좌우로 나뉘어 오갔기 때문에 서로 방해받지 않고 물 흐르듯이 움직였습니다. 사람들 모두 그 화려함과 편리함에 감탄하는 듯했습니다. 새로운 왕은 왕비와 함께 백성들이 그렇게 활기차게 살아가는 것을 지켜보며 크게 기뻐했습니다. 서로의 사랑으로 행복하게 된 만큼 말입니다.

그때 등잔불을 든 남자가 말했습니다.

"경의를 표하며 초록뱀을 기립시다. 초록뱀 덕분에 당신은 생명을 얻었고, 백성들은 다리를 얻었습니다. 이 다리를 통해 가까운 이웃이던 두 강변은 이제 각각 나라로 되살아나 연결될 것입니다. 반짝이며 강물 속으로 가라앉은 보석들, 초록뱀이 희생한 몸에서 남은 것들, 그것들이 이 멋진 다리 기둥입니다. 초록뱀은 이 다리 기둥으로 승화했고, 이제 이렇게 그 자신을 보존하게 되었습니다."

등잔불을 든 남자한테 이 기적 같은 비밀을 좀
더 밝혀 달라고 부탁하려는 참에 네 명의 아름다운
소녀가 신전 대문으로 들어오는 것이 보였습니다.
하프와 양산 그리고 접이의자에서 소녀들이 백합의
시녀라는 것을 금방 알아보았습니다. 그런데 세
소녀들보다 더 아름다운 네 번째 소녀는 누구인지 알
수 없었습니다. 그 소녀는 백합의 시녀들과 자매처럼
농담을 하면서 신전으로 달려와 은으로 된 계단을
올라왔습니다.

등잔불을 든 남자가 그 아름다운 소녀에게
말했습니다.

"여보, 당신도 이제부터는 내 말을 조금 더 믿어
줄 수 있겠소? 당신에게, 그리고 오늘 아침 강에서
목욕한 모든 피조물에 행운을!"

노파였던 이전 모습은 전혀 찾아볼 수 없이 젊고
아름다워진 소녀가 발랄하게 등잔불을 든 남자를

껴안았습니다. 그 남자는 소녀의 사랑스러운 몸짓을
다정히 받아주며 말했습니다.

"나는 당신과 비교해 너무 늙었으니 오늘 다른
신랑을 찾아보아도 괜찮소. 새로 맺지 않은 부부의
연은 오늘부터 무효라오."

이 말에 소녀가 대답했습니다.

"당신도 젊어진 것을 모르세요?"

"당신의 젊은 눈에 내가 씩씩한 청년으로 보인다니
정말 기쁘오. 당신과 다시 결혼해서 다음 천 년
세월을 함께 보내고 싶소."

왕비는 새 친구를 반가이 맞이했습니다. 그리고
시녀들과 함께 제단에서 내려왔습니다. 그동안 왕은
두 남자 사이에 서서 다리 위를 분주하게 오가는
백성들을 바라보고 있었습니다.

하지만 그 평온한 분위기는 오래 가지 못했습니다.
한순간 왕의 심기를 거스르는 어떤 것이 보였기

때문입니다. 아직 아침 잠에서 덜 깬 것처럼 보이는
거인이 비틀거리며 다리를 건너오면서 난장판을 치고
있었습니다. 거인은 언제나 그랬듯이 아침에 일어나
잠이 덜 깬 상태에서 강이 만灣을 이루는 곳에
들어가 목욕을 할 생각이었습니다. 그런데 만은 땅이
됐고, 다리가 놓여 있었습니다. 그것을 본 거인이
잘 포장된 마찻길에 들어선 것입니다. 비록 거인이
인파와 가축 떼 속으로 어기적거리며 들어서기는
했어도 사람들은 놀라서 거인을 쳐다보기만 했지
피부로 느끼지는 못했습니다. 그런데 햇빛에 눈이
부신 거인이 손으로 눈을 비비자 엄청나게 큰 주먹
그림자가 거인 뒤에서 서투르게 오락가락하면서
주변에 있는 것들을 밀어냈습니다. 인파와 가축 떼가
이리저리 떠밀려 부상을 당했고, 다리 아래 강물로
떨어질 위험에 처했습니다. 그런 몹쓸 일이 벌어지자
왕은 자기도 모르게 보검을 빼 들려 했습니다. 하지만
곧 생각을 가다듬고 왕홀을 조용히 바라보았습니다.

그 다음에 친구들의 등잔불과 노를 바라보았습니다.
등잔불을 든 남자가 말했습니다.

"당신이 무슨 생각을 하는지 알아요. 하지만
우리와 우리 힘은 저 무력한 자 앞에 무력하다오.
가만히 있어요! 거인은 지금 마지막으로 사고를 내는
것이라오. 다행히 거인의 그림자가 우리 반대쪽에
있어요."

그 사이에 거인이 점점 더 가까이 다가왔습니다.
눈앞에 있는 것을 경이롭게 바라보느라 손을 내리고
사고도 내지 않았습니다. 거인이 숨을 헐떡이며 신전
앞뜰로 들어섰습니다.

막 신전 입구를 향해 가려는 찰나에 거인은
갑자기 앞뜰 한가운데 고정되었습니다. 발그스름하게
윤기가 도는 거대한 석조상으로 변해 우뚝 서 있게
되었습니다. 거인의 그림자가 바닥에 있는 원 안에
시간을 가리켰습니다. 그 시간은 숫자가 아니라,

고귀하고 의미심장한 그림으로 표시되어 있었습니다.

거인의 그림자가 이렇게 쓸모 있게 된 것을 보고 왕은 무척 기뻤습니다. 왕비가 더없이 숭고하게 단장하고 시녀들과 함께 제단에서 내려왔습니다. 왕비도 다리 쪽 풍경을 거의 가리고 있는 기이한 상을 보고 꽤 놀랐습니다.

그새 백성들이 거인상을 보려고 몰려들었습니다. 이제는 조용히 서 있는 거인을 경이롭게 올려다 보았습니다. 그제야 백성들이 신전이 있다는 것을 알아차린 듯했습니다. 거인상 주변에서 신전을 바라보다가 곧 신전 문을 향해 몰려왔습니다.

바로 이 순간 매가 거울을 가지고 신전 지붕 위를 높이 맴돌았습니다. 매는 거울에 햇빛을 받아 제단에 서 있는 사람들을 비추었습니다. 천국의 광채가 어슴푸레한 궁륭 안에 왕과 왕비, 그리고 그 일행을 환하게 비추는 것처럼 보였습니다. 왕이 있다는 것을 알고 백성들이 땅바닥에 넙죽 엎드렸습니다. 잠시

뒤에 정신을 차린 백성들이 다시 일어서자, 왕은
일행과 함께 제단에서 내려와 비밀스럽게 숨겨진
복도를 지나 궁전으로 돌아갔습니다. 백성들은
호기심에 차서 신전 여기저기로 흩어져 구경을
했습니다. 똑바로 서 있는 세 명의 왕들을 놀랍고
두려운 마음으로 우러러보았습니다. 하지만 그보다
더 궁금한 것은 네 번째 벽감 속 양탄자 아래
숨겨진 것은 무엇일까 하는 것이었습니다. 누군지는
모르겠지만 착하고 겸허한 사람이 화려한 양탄자를
주저앉은 왕 위에 펼쳐놓았던 것입니다. 어떤 눈도
그것을 뚫어볼 수 없었고, 어떤 손도 그것을 감히
들추어볼 엄두를 내지 못했습니다.

　백성들은 신전을 구경하느라 돌아갈 생각을 하지
않았습니다. 신전 앞 광장에서 재미있는 일이 생기지
않았다면, 몰려든 인파로 신전 안에서 모두 짓눌리고
말았을 것입니다.

　생각지도 않은 금화가 공중에서 그냥 생겨난

듯 찰그랑거리며 대리석 바닥에 떨어졌습니다.
주변에 있던 사람들이 금화를 주우려고 허겁지겁
달려들었습니다. 이 기적이 여기저기에서
반복되었습니다. 떠나는 도깨비불이 주저앉은
왕의 팔다리에서 핥아 먹은 금을 이제는 재미
삼아 마구 뿌리는 중이라는 것은 말할 필요가
없겠지요. 백성들은 금화를 갖고 싶은 욕심에 물불을
가리지 않고 여기저기 몰려다녔습니다. 금화가
더 이상 떨어지지 않는데도 한동안 이곳저곳으로
돌아다녔습니다. 마침내 사람들은 하나둘 흩어지고
제 갈 길을 갔습니다. 오늘날까지 다리는 여행객으로
붐비고, 신전은 전 세계에서 사람들이 가장 많이
방문하는 곳이 되었습니다.

옮긴이의 글

1795년 요한 볼프강 폰 괴테는 프리드리히 실러가 발행한 월간 문학지 〈디 호렌〉[1]에 『독일 피난민들의 담소』[2]라는 제목으로 일련의 단편을 연재했다. 『초록뱀과 아름다운 백합』은 이 단편집의 절정을 이루는 동시에 그것을 마무리하는 '동화'다.

괴테와 실러는 당시 사회 변화를 예민하게 감지하고 해석해 독일 지식층을 선도한 인물이라는 점과 '동화'가 발표

~~~~~~~~~

1　Die Horen_ 프리드리히 실러Johann Christoph Friedrich von Schiller가 1795년부터 1797년까지 독일 튀빙엔 코타 출판사에서 발행한 월간 문학 잡지. 요한 볼프강 폰 괴테, 요한 고트립 피히테, 빌헬름 폰 훔볼트 등을 기고가로 두었으며, 바이마르 고전주의 초석을 놓았다.

2　『Unterhaltungen deutscher Ausgewanderten』〈디 호렌〉, 1795

된 해를 감안하면, 인류에 완전히 새로운 방향을 제시한 역사적 사건이 떠오를 것이다. 바로 1789년에 자유, 평등, 박애라는 숭고한 이상을 내걸고 시작된 프랑스 대혁명이다. 그런데 중반에 접어든 대혁명은 그 이상과 달리 혁명 반대 세력을 처단하는 테러와 폭력을 법적으로 인정하고, 사람의 목숨을 빠르고 효율적으로 끊기 위해 '기요틴'을 고안할 만큼 야만적으로 변질되어 있었다. 한편 실러는 1791년 이래 건강 악화로 대학 강의를 나갈 수 없는 상태에 있었다. 이 소식을 들은 덴마크 공작 프리드리히 크리스티안 2세[3]가 후원을 약속했다. 덕분에 재정난을 벗어난 실러는 칸트 미학을 연구하면서 프랑스 혁명 경과에 관한 생각을 정리했다. 그리고 후원에 보답하는 차원에서 프리드리히 크리스티안 2세 앞으로 자신의 생각을 담은 편지를 보냈다. 이것이 후일 『미학적 인간 교육에 관한 서간문』[4]의 근거가 된다.

실러는 인간이 자신의 두 가지 성격에 얽매여 있는 한 자유

3　Friedrich Christian II(1765~1814)

4　『Über die ästhetische Erziehung des Menschen』

롭지 못하다고 했다. 그 성격 중 하나는 육체와 연결된 본능이며, 다른 것은 사회에 의해 요구된 관습으로서 이성이다. 식욕이나 성욕 등 저급한 본능을 따르는 것뿐 아니라, 이른바 '인간이면 해야 할 것'으로 배운 것을 생각 없이 습관적으로 따르는 것도 역시 자유롭지 못한 행위라는 말이다. 실러는 전자를 '재료 성향', 후자를 '형태 성향'이라 명명한다. 실러는 프랑스 대혁명이 실패한 원인은 재료 성향이 강한 민중과 형태 성향이 강한 귀족이 '놀이 성향'을 발달시키지 못하고 서로 대치한 데에 있다고 보았다.

놀이 성향이란 두 가지 낮은 성향을 자유롭게 다루어 더 높은 차원으로 승화시키는 요소다. 이를테면 찰흙 덩어리가 있다고 하자. 이것은 아무 모양이 없는 재료일 뿐이다. 어린 아이한테 그 찰흙을 주면 이리저리 주물럭거리다 만다. 아이는 아직 형태 성향을 발달시키지 않았기 때문에 특별한 모양을 만들어내지 못하는 것이다. 모든 일에 완벽을 기하는 학자에게 그 찰흙을 주면 어떨까? 조형 예술가인 나의 경험에 따르면, 거의 예외 없이 그런 사람은 찰흙의 성격에 적절하지 않은 가느다랗고 뾰족한 물건을 만들어낸다. 형태 성향이 너무 강하게 발달되어 있어서다. 조형 예술가란 찰흙을 그 성질에 맞게 가지고 '놀면서' 예술적 형태를 만들어 낼 수 있는 사람을 일컫는다.

괴테는 실러의 '미학 편지'가 "비록 풍요한 정신을 담고 있기는 해도 사실상의 인간 영혼 생활을 고려해 보면 너무 단순하다"[5]고 느꼈고, "추상적인 개념은 다소 간에 차이가 있다 해도 오래 머무는 것에 연결되어야 한다"는 생각이었다.[6] 괴테는 『독일 피난민들의 담소』를 통해, 특히 "동화 『초록뱀과 아름다운 백합』을 통해 실러의 개념앞 건너편에 자신의 형상앞을 위치시켰다."[7] 괴테 동화는 실러 미학 편지에 대한 일종의 화답인 것이다. 비록 괴테가 '동화'라 부르기는 해도 『초록뱀과 아름다운 백합』은 어린아이들한테 들려주는 옛이야기가 아니라, - 요즘에는 몹쓸 욕처럼 되었기에 입에

5   『내 삶의 발자취Mein Lebensgang』루돌프 슈타이너 (GA 28 XXX)
6   위와 동일
7   위와 동일

담기 조차 민망한 - '엘리트', 즉 식자와 귀족을 독자로 두었던 고도의 언어 조형 예술, 즉 문학 예술이라는 말이다.

 이 동화를 처음으로 읽으면 실제로 좀 산만하다는 느낌이 들기도 하고, 쉽게 맥락을 놓칠 수도 있다. 커다란 강을 사이에 둔 두 세계 여기저기 사는 사람들과 환상 존재들이 하나의 목적지를 향해 가는 과정이 굉장히 압축된 시간 안에 거의 시詩에 가까운 문학적 표현을 통해 전개되기 때문이다. 이 어려움은 괴테가 '형상앎'을 보여주려 했다는 루돌프 슈타이너의 말을 진지하게 받아들이면 어느 정도 해소된다. 동화에서 전개되는 과정을 영혼 앞에 형상으로, 그림으로 그려내서 그 '동화 공간' 안에서 '동화 시간'에 맞춰 함께 움직이는 것이다. 그러면 그저 말로만, 개념으로만 읽으면서 이해하려 할 때는 지나치고 마는 것들을 곳곳에서 적잖이 발견하게 될 것이다. 그리고 아마도 이런 연습이 루돌프 슈타이너가 의도하는 '형상적 상상'을 향하는 첫 걸음이 되는지도 모를 일이다.

루돌프 슈타이너는 "괴테의 창작을 체험하는 사람은 이미 비학의 앞뜰에 들어서는 것이나 다름없다."[8]고 했다. 괴테 동화는 루돌프 슈타이너가 『신비극』을 쓰도록 영감을 주기도 했고, 인지학 전체와 내밀한 관계에 있기도 하다. 그래서 동화의 비의적인 면을 살펴본다는 것은 조형물을 석고로 떴을 때 그 석고 틀의 안쪽을 보는 것과 비슷하다는 생각이다. 볼록한 겉모양만 보았을 때는 알 수 없는 내적인 깊이를 오목한 모양에서 실제로 느낄 수 있으니 말이다. 다만 '동화'의 비의적 성격은 훗날 다루고자 한다. 왜냐하면 옮긴이는 현재 이 동화를 '부조 그림'으로 작업하는 중이고, 총 20여 편의 연작이 완성되어 그림책을 낼 때 동화의 안쪽을 조명할 계획이기 때문이다.

옮긴이는 늘 원저자한테 빚을 지고 있다는 생각으로 번역을 한다. 이는 루돌프 슈타이너의 저서를 번역하기 때문에 가지게 된 자세인지도 모른다. 옮긴이가 추구하는 것은, '번역투'라는 지탄을 받는다 해도 가능한 한 원문에 충실하게

---

8 『내 삶의 발자취Mein Lebensgang』루돌프 슈타이너 (GA 28 XXX)

번역하는 것이다. 독자를 위한다는 명목을 내세워 '읽기 쉽게 해석'하는 것은 금기로 삼는다. 읽기 쉽게 번역하는 배후에는 약간 건방진 태도가 숨겨져 있다는 생각이다. 독자가 나보다 못한 사람이라 이해력이 떨어진다고 먼저 전제하지 않고는 읽기 쉽게 번역해야 한다는 생각을 할 수 없기 때문이다. 그리고 내가 모르는 다수의 독자 중에 누구를 기준으로 삼아 '읽기 쉽게' 번역한다는 말인가?

두말할 필요도 없이 괴테 동화 번역은 옮긴이한테 무모한 과제다. "아, 괴테만 이렇게 쓸 수 있지!" 하고 감탄한 문장을 번역하고 보니 평범하고 식상한 소리로 들리는 것 같아, 짤막한 동화쯤은 본업을 하는 사이에 짬짬이 해결할 수 있다는 예상은 주제넘은 오판임을 곧 깨닫게 되었다. 아주 단순한 문장이지만 전체적인 구도에서 보석 같은 역할을 하는 경우 며칠씩 고민을 하며, 내 무능력의 결과물이 '번역은 제2의 창조'라 자부하는 능력 있는 번역가 동지들한테 누를 끼치지 않을까 염려 아닌 염려를 하는 때도 있었다. 그럼에도 불구하고 '이해하기 좋게 대충 쉽게 풀어서' 번역한다는 생각은 꿈에도 하지 않았다. 왜냐하면 옮긴이는 사실주의가 판을 치는 통에 진정한 문학 예술은 설 자리를 잃은 현시대를 암흑처럼 느끼는 부류에 속하기 때문이다.

옮긴이와 달리 출판사는 그 기능상 어쩔 수 없이 독자에 빚을 지고 있는 처지고, 언제나 독자가 편하게 읽을 수 있는 책을 내고 싶어하기 마련이다. 상황이 이렇다 보니 괴테 동화를 둘러싸고 옮긴이와 출판사 간에 꽤나 성가신 논쟁이 있었고, 절충은 피할 수 없는 과정이었다. 결론을 말하자면, 문맥이나 전체 구도에 지장을 주지 않는 한 문장을 짧게 끊어 쓰는 것과 더 적절한 표현이라 생각되는 것은 출판사의 제안을 따랐다. 대신에 옮긴이가 '괴테만 할 수 있는 표현'이라 느끼는 문장은 직역했다는 비난을 감수할 각오로 원문에 충실한 번역을 고수했다. 언젠가 재능 있는 번역가가 나타나 괴테 문학성을 그대로 옮겨 주리라 기대하면서.

옮긴이의 소리 없는 고함을 견뎌야 했던 푸른씨앗 출판사 사람들한테, 특히 남승희씨한테 수고 많이 했다는 말을 전하고 싶다. 괴테에 곁눈질하는 동안에도 변함없이 재정

후원을 해주신 '루돌프 슈타이너 원서 번역 후원회' 회원들을 향한 옮긴이의 마음은 굳이 말하지 않아도 다 알 것이라 믿는다.

2019년 9월

최혜경

최혜경 www.liilachoi.com 옮김

본업은 조형 예술가인데 지난 20년간 인지학을 공부하면서
루돌프 슈타이너의 책을 번역해 왔다.

쓸데없는 것에 관심이 많은 사람이라 그림 그리고 번역하는 사이사이에
정통 동종요법을 공부했다.

번역서_『자유의 철학』, 『발도르프 학교와 그 정신』
　　　　『교육예술 1, 인간에 대한 보편적인 앎』
　　　　『교육예술 2, 발도르프 교육 방법론적 고찰』
　　　　『교육예술 3, 세미나 논의와 교과과정 강의』
　　　　『발도르프 특수 교육학 강의』, 『사회문제의 핵심』
　　　　『사고의 실용적인 형성』, 『인간과 인류의 정신적 인도』
　　　　『젊은이여, 앎을 삶이 되도록 일깨우라!』 밝은누리

　　　　『천사는 우리의 아스트랄체 속에서 무엇을 하는가?』
　　　　『어떻게 그리스도를 발견하는가?』
　　　　『죽음, 이는 곧 삶의 변화이니!』
　　　　『인간 자아인식으로 가는 하나의 길』
　　　　『꿀벌과 인간』 도서출판 푸른씨앗

저서_『유럽의 대체의학, 정통 동종요법』 북피아

초록뱀과 아름다운 백합
요한 볼프강 폰 괴테 지음 \ 최혜경 옮김
1판 1쇄 발행 2019년 9월 30일

펴낸이 사)발도르프 청소년 네트워크 도서출판 푸른씨앗

편집 백미경,최수진,정연희 번역기획 하주현
디자인 유영란 마케팅 남승희,김기원 총무 이미순

표지 땜디자인

등록번호 제 25100-2004-000002호
등록일자 2004.11.26.(변경신고일자 2011.9.1.)
주소 경기도 의왕시 청계로 189-6 전화 031-421-1726
전자우편 greenseed@hotmail.co.kr 홈페이지 www.greenseed.kr
페이스북 www.facebook.com/greenseedbook

이 도서의 국립중앙도서관 출판예정도서목록(CIP)은 서지정보유통지원시스템
홈페이지(http://seoji.nl.go.kr)와 국가자료종합목록 구축시스템에서 이용하실
수 있습니다. (CIP제어번호 : CIP2019035959)

값 6,000 원
ISBN 979-11-86202-25-8 / 979-11-86202-15-9 (세트)

재생 종이로 만든 책

푸른 씨앗의 책은 재생 종이에 콩기름 잉크로 인쇄합니다.
겉지_ 두성종이 마분지 209g/m²
속지_ 전주페이퍼 Green-Light 100g/m²
인쇄_ 도담프린팅 031-945-8894